Q&Aで
よくわかる
学校事故の防止と
安全・防災対策の
進め方

はじめに

　日本スポーツ振興センターの統計によりますと、2016（平28）年度、センターが医療費を給付した学校管理下の事故の発生件数は105万3,962件、死亡見舞金を給付した件数は47件もあったとのことです。このことは学校事故の防止が、子どもたちの安全と安心を守る上で、最大の課題であることを示しています。

　また、東日本大震災など、大きな災害が発生するたびに、学校が地域防災拠点として極めて重要であることが明らかになりますが、それとともに、防災への備えがまことに不十分であることも実感されます。

　2018（平30）年6月18日に発生した大阪北部地震では、高槻市立寿永小学校のブロック塀が倒壊し、女子児童が死亡するという痛ましい事故が発生しました。

　事故のあったブロック塀は、建築基準法の基準を満たしていなかっただけでなく、専門家の指摘を受けた学校の点検要請に市教委が真摯に対応しなかったという報道もなされました。事故を受けて実施された全国51,082校の調査では、外観の点検だけでも12,652校に問題が見つかったとのことです。

　こうした状況を踏まえ、本書では、学校で発生する事故の態様・場面ごとに原因を探り、どのように安全対策を立てていくかを追究します。

　また、子どもたちの日々の生活安全だけでなく、災害にどう備えるか、地域防災にどう貢献するかにも焦点を当てて、主に施設・設備の整備面からの対策を探ります。

　それとともに、子どもたちの安全教育に関する課題にも可能な限り触れてまいりたいと思います。

　なお、本書は2008年、学事出版から刊行いたしました『学校事故の防止と安全対策のすすめ方』に加筆・訂正を加え、新たに出版するものです。

　子どもは向上心と冒険心が強く、大人の予想がつかない行動をしがちです。一方、最近の子どもは危険を予知したり、回避する能力を身につけがたい環境に生きています。そのため、今後も学校事故は増加することが心配されます。

　学校職員は学習・生活環境の整備と点検に当たって、惰性に陥ることなく、子どもの目線で物を見て、隠れた危険を見つけ出し、より安全な環境をつくるよう努力しなければなりません。本書がその一助となることを望むものです。

著者　川崎雅和

目　　次

はじめに ……… 3

＜第1部　学校施設の安全追求＞　　　　7
Q1　事故はどのような場面、どのような場所で発生しやすいのですか ……… 8
Q2　転落事故を防止するための留意点を教えてください ……… 10
Q3　プール飛び込み事故防止の留意点を教えてください ……… 14
Q4　安全に配慮したプールの構造や設備のあり方を教えてください ……… 16
Q5　ガラスによる事故を防止するための留意点を教えてください ……… 18
Q6　運動場や体育館での事故防止の留意点を教えてください ……… 21
Q7　床や壁、天井などの安全配慮を教えてください ……… 24
Q8　階段での事故防止の留意点を教えてください ……… 26
Q9　廊下での事故防止の留意点を教えてください ……… 28
Q10　教室の出入り口や校門の安全配慮を教えてください ……… 30
Q11　トイレの安全配慮を教えてください ……… 32
Q12　遊具に起因する事故防止の留意点を教えてください ……… 34
Q13　学校のバリアフリー化はどのように進めるべきでしょうか ……… 37

＜第2部　活動場面ごとの事故防止を考える＞　　　　41
Q14　体育学習での事故防止の留意点を教えてください ……… 42
Q15　理科実験での事故防止の留意点を教えてください ……… 44
Q16　理科薬品の安全管理について教えてください ……… 46
Q17　図工、技術、家庭科学習での安全配慮を教えてください ……… 50
Q18　学習家具にはどのような安全配慮が求められるのでしょうか ……… 52
Q19　動物飼育における安全対策を教えてください ……… 54
Q20　鳥インフルエンザ対策の立て方を教えてください ……… 57
Q21　休み時間や清掃活動中の事故防止の留意点を教えてください ……… 59
Q22　安全に配慮した校庭緑化の進め方を教えてください ……… 62
Q23　課外活動中の事故防止の留意点を教えてください ……… 64
Q24　学校給食の安全配慮事項を教えてください ……… 66
Q25　運動会などの行事における事故防止の留意点を教えてください ……… 68
Q26　校外学習での安全配慮を教えてください ……… 72

目　次

Q27　登下校路の安全配慮を教えてください ……… 74

Q28　安全教育はどのように進められるべきでしょうか ……… 76

＜第3部　災害への備え＞　　　　79

Q29　地震や風水害などの災害に対し、
　　　学校はどのような備えをしなければならないでしょうか ……… 80

Q30　校舎の耐震補強はどのように進められているのですか ……… 83

Q31　天井などの非構造部材の耐震補強は
　　　どのように進めるべきでしょうか ……… 86

Q32　ブロック塀など、校地まわりの施設・設備の改修は
　　　どのように進めるべきでしょうか ……… 88

Q33　学校には災害避難施設として、
　　　どのような備えが求められるのでしょうか ……… 90

Q34　避難所運営から学習活動再開へのプロセスは
　　　どのように描けばよいのでしょうか ……… 94

Q35　備蓄倉庫にはどのような物が備えられるべきでしょうか ……… 96

Q36　避難拠点としての学校には
　　　どのようなトイレの備えが求められるのでしょうか ……… 98

Q37　学校の防犯体制はどのように築かれるべきでしょうか ……… 100

＜第4部　安全点検と賠償責任＞　　　　105

Q38　学校職員による安全・防災点検はどのように進められるべきでしょうか ……… 106

Q39　法令等に基づく専門家の安全点検の進め方を教えてください ……… 116

Q40　子どもたちや保護者による安全チェックも必要ですか ……… 120

Q41　学校の安全・防災の推進を定めている法令を教えてください ……… 122

Q42　学校事故の責任はどのように取られるのでしょうか ……… 126

＜参考資料＞　　　　130～141

1．学校保健安全法（抜粋）

2．小学校施設整備指針（抜粋）

3．学校施設バリアフリー化推進指針（抜粋）

4．防災基本計画　平成30年6月29日　中央防災会議決定（抜粋）

5．第2次学校安全の推進に関する計画（概要）　平成29年3月24日　閣議決定

第1部
学校施設の安全追求

第1部　学校施設の安全追求

 事故はどのような場面、どのような場所で発生しやすいのですか

事故は目の届かない場面で発生しやすい

　日本スポーツ振興センターの2016（平28）年度統計データによると、小学校で最も事故が多い場面は休み時間であり、中学校と高等学校では課外活動中となっています。このことは、教職員の目が届きにくい場面や、指導が行き渡りにくい場面で、子どもたちが体を動かしている時に、事故が多発することを示しています。学校事故を防止するためには、そうした場面にこそ、十分な安全配慮を行わなければなりません。

　小・中・高とも2番目に事故が多いのは教科学習中で、体育・保健体育がその大半を占めます。それに次ぐ教科は、小学校では図工科、総合的な学習の時間、家庭科、理科の順になっています。

　中学校で保健体育に次いで多いのは、技術家庭科、美術科、理科、総合的な学習の時間の順であり、同じく高等学校では工業、農業、総合的な学習の時間、理科の時間の順となっています。

　特に注目したいのは、小学校の総合的な学習の時間に事故が多いことです。校外学習で交通事故にあう、カセットコンロを使った学習でやけどをするなど、学習内容が多様なだけに、事故も多様です。今後、主体的な学習が多様に進められるようになると、事故の多様化も一層進むのではないかと心配されます。

小学校では廊下・階段・昇降口に注意を

　次に事故の発生しやすい場所を見ていきます。

　小学校で最も事故が発生している場所は、運動場・校庭であり、それに次ぐのが体育館・屋内運動場、教室、廊下、階段、昇降口となっています。廊下、階段での事故がかなり多いのは、休み時間中の追いかけっこや鬼ごっこ、ふざけ合い、物の投げ合い、けんかなど、子ども特有の行動が事故の原因となるからのようです。

　昇降口でも、子どもたちのふざけ合いでガラスが破損してケガをするという

ような事故が起きています。やはり小学校では、休み時間を過ごす場所の安全配慮が大切なようです。

校庭に設置される遊具等の安全配慮も大切です。

中学校・高等学校では、校庭・運動場と体育館・屋内運動場で多くの事故が発生しています。学校外の体育施設を使っての事故も目立ちます。スポーツ種目では、野球、サッカー、バスケットボールの事故が多いようです。

ケガの原因は、練習や試合そのものである場合のほか、悪ふざけやけんか、運搬中の体育器具の転倒、設置されているゴールの転倒などが目立ちます。

さらには、狭い運動場で複数の部活が行われることが事故の原因となる場合もあります。

施設の安全性確保のために文部科学省は、学校種別ごとに制定している学校施設整備指針で、「児童の墜落・転落、転倒、衝突、切傷、火傷、挟まれ事故防止のために、柱や壁のコーナーの面取り、手すりや扉のストッパーの設置、突起物や足掛け部分の除去等の工夫を行うなど、各部における細部に至るまで、児童の多様な行動に対し十分な安全性を確保した計画とすることが重要である」（小学校施設整備指針）としています。

細部に至る細心の注意が求められます。

学校安全の推進に関する計画

政府は、2017（平29）年3月、「第2次学校安全の推進に関する計画」を閣議決定し、子どもたちが、安全に関する能力・資質を身につけること、死亡事故をなくし、重症事故等を減少させることを目標として、諸施策を推進することを目指すことを明らかにしました。

本書巻末に、その概要を紹介しますので、参考にしてください。

第1部　学校施設の安全追求

Q2 UESTION　転落事故を防止するための留意点を教えてください

最も恐ろしい転落事故

　転落事故は学校にとって最も恐ろしい事故です。そして、子どもの危険な遊びや悪ふざけが、事故原因のかなりの割合を占めていることに注目しなければなりません。

　東京の小学校で、5階の図書室から児童が転落死した事故は、窓の内側に書架が設置され、外側には庇がついているという子どもの冒険心をくすぐる構造であったことが原因となって発生しました。子どもたちは普段から庇に降りる秘密の遊びを繰り返していたようですが、教職員は気づかなかったようです。窓には遮光カーテンが吊られ、いつも閉められていたことも安全点検の盲点になっていました。

　施設の設計上の欠陥、安全点検の不徹底、不十分な安全教育など、この事故には多くの問題点が指摘できます。

　また、高層マンションの普及で、高いところを怖がらない子どもが増えていることや、野外で体を使う遊びが減少し、危険予知能力や、危機回避能力が未発達な子どもが増えていることも、転落事故につながる要因と言えます。

階段や屋上にも危険が

　そのほかの転落事故では、階段の手すりを滑る遊びをしていて落下する事故が時々発生します。

　また、大阪のある小学校では鉄はしごを登って体育館の天井点検口から天井に上り、鬼ごっこをしていて天井板を踏み抜き、転落死亡した事例があります。

　東京のある小学校では、教師が校舎屋上に子どもたちを引率し、算数の距離計測授業をしていたら、強化プラスチック製の採光ドーム（天窓）に子どもが乗り、転落、死亡するという事故が発生しました。強化プラスチックの採光ドームは多くの場合、人の体重に耐えうるようには設計されていませんし、強化プラスチックは経年劣化が速い素材でもあります。鉄製の覆いのついていない採光ドームは危険です。

10

施設のどこに、どのような危険性があるのかが、教職員間で確実に情報共有されていたのかが問題です。校舎完成後しばらくは伝達されていたが、いつの間にか忘れさられたでは済まされません。

　子どもの冒険心は旺盛です。天井裏や屋上フェンスの外側に容易に侵入できる構造になっていないかなど、施設の危険部分を確実に把握し、惰性に陥ることなく点検しなければなりません。

窓の高さに注意

　過去の転落事故を調査して感じるのは、校舎の新築や改修の設計段階での安全配慮不足が事故につながったと思われるケースが予想外に多いということです。

　愛媛県の中学校で、1年生が床からの高さが61cmしかない2階の窓から転落し、負傷した事故がありました。裁判所は、校舎建設当初は教室の照明設備を欠いていたことから、採光のため窓を広く取った事情は理解できるが、その後、照明事情は改善されたのであるから、「横さんを取り付けるなどの物理的な転落防止用の設備を設置すべきであったといわなければならない」と判断し原告勝訴としています（1988（昭63）年、松山地裁）。

庇をやめてベランダやバルコニーを

　教室の窓に庇がつけられるのは、多くの教室が南面し、日射が教室内に直接入り込むのを防ぐためですが、庇の存在は、そこに立ってみたいという子どもの冒険心を誘発します。裁判でも、こうした庇の設置について、安全性の配慮が欠けていたとして賠償を命じたものがあります。教室の南側には、庇ではなく、ベランダかバルコニーを設けることで安全性を高めるべきでしょう。

　多くの教室が南面しているのは、日光が健康増進に有効とする明治期の保健思想に基づくものですが、夏はカーテンを閉めることにより通風が悪くなる、冬は日射が深く射し込むのでまぶしいなど、学習にも不向きな構造です。最近は廊下を南に取り、そこからの反射光を教室に取り入れる形式も推奨されています。校舎設計の改革課題と言えます。

窓内側の足がかり

　子どもが庇へ下りようとする時、窓の内側に、足がかりとなるものがあれば

第1部　学校施設の安全追求

極めて容易となります。児童生徒用ロッカーや流し、本棚等を窓の内側に設置すると、危険性は非常に高まります。

　裁判例でも、小学4年生が、図工室の流しが内側についた窓に腰掛けていて、転落・死亡した事件で、流しの上に乗れば危険なことがわかっていたはずとして、建物の欠陥を認め、原告を勝訴としたものがあります。

　また、庇に物が落ちても決して拾わず、教職員に連絡することを徹底させなければなりません。子どもが窓ガラスの外側を拭くために、窓に腰掛けたり、庇に出るという清掃方法は決して許されるものではありません。危険な箇所の清掃は業者に委託して、教育委員会の責任で行うべきです。

子どもの目でも安全点検を

　転落事故等を防止するためには、校舎建設・改修時の設計における配慮とともに、日常の安全点検が極めて重要です。しかし、いつも校舎を見慣れている学校職員の目はよく見ているようで、実は見ていないことが多いものです。時には、保護者など、外部の人の目で見直すことによって、それまで気づかずにいた危険箇所を発見することもあります。

　また普段、どこでもかまわず遊び回っている子どもの目も非常に有効です。子どもを対象に施設改善の要望アンケートを実施したら、気がつかなかった危険箇所を教えてもらえたという学校事務職員の報告例もあります。学校に関わるすべての人が安全点検に加わる仕組みを考えましょう。

校舎の設計には学校が深く関与すべき

　安全な校舎を造るためには、学校が校舎づくりに深く関与することが何よりも大切です。

　それは、好奇心に満ち、突飛な行動をする子どもたちの事故をどう防止すべきかは、学校職員が最もよく知っており、その関わりがなければ危険のひそむポイントを見逃しがちとなるからです。

　また、完成した校舎の危険ポイントを明らかにして、安全点検に生かし、安全配慮事項を永く引き継いでいくためにも、学校の設計への関与は大切です。

　最近、各地で発生している転落事故の中には、学校において安全配慮事項が確実に伝達されていれば起こらなかったのではないかと思わせる事例がたくさんあります。

Q2 転落事故を防止するための留意点を教えてください

　普通、校舎の新築や全面改築の際は、基本構想の策定、基本設計、実施設計と2～3年の期間をかけて設計作業が進みます。その全期間に学校を代表する職員（管理職または事務職員等）が、設計プロジェクトチームに加わる仕組みをつくることが求められます。

　参画した学校職員は、自校の創造的な教育活動推進に最適な校舎、地域と様々な関わりを深められる校舎、そして、子どもたちが安全かつ快適に学び、生活できる校舎の建設を目指して、プロジェクトチームを主導する役割を負わなければなりません。

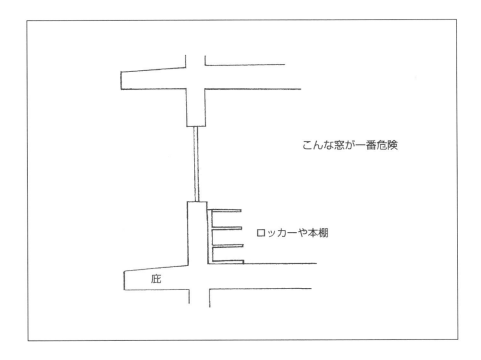

第1部　学校施設の安全追求

Q3 QUESTION プール飛び込み事故防止の留意点を教えてください

重傷事故はほとんど飛び込みによるもの

　日本スポーツ振興センターの調査資料によると、1998（平10）年度から2016（平28）年度の19年間に、プール飛び込みによる死亡・重度障害（1〜3級）事故が31件も発生したとのことです。

　このほか、軽傷事故やヒヤリ・ハット事例は、各地でかなりの頻度で発生しているようです。

　こうした事故による損害賠償請求を求める裁判事例も多く、2003（平15）年のある地裁判決では、教員の指導に関して、「逆飛び込みには深く水に入ってプール底に頭部を衝突させ、場合によっては頸椎・頸髄損傷をきたす危険性があることを事前に十分説明し、安全な飛び込み方法を説明するとともに、危険性のある動作を具体的に説明して禁止し、安全な飛び込み方法を各生徒の能力に応じて段階的に指導して、事故の発生を防止し、生ずるおそれのある危険から生徒を保護すべき義務があるというべきである」と厳しい判断を示しています。

　また、小学校では低学年の次に高学年がプールを利用するような場合には、急いで注水し、水位を上げなければなりませんが、満水位まで上がっていないにもかかわらず指導を開始し、事故が発生したという事例もあります。

飛び込みスタートは学習しない方向に

　こうしたことから、学校においては飛び込みスタートを学習しない方向で対策が取られるようになってきました。

　2017（平29）年4月、スポーツ庁が通知した「水泳等の事故防止について」では、学校におけるスタート指導の留意点を以下のように示しています。

　「スタートの指導は個人の能力に応じた段階的な取り扱いを重視し、指導者の指示に従って実施すること、水深や水底の安全を確かめ、入水角度に注意することなど、安全に配慮した指導が大切です。なお、小・中学校では、水中からのスタートのみを指導し、授業での跳び込みよるスタート指導は行いません」

14

これは、現行の学習指導要領解説が、小・中学校のスタート指導を、小学校については、「水中からのスタートを指導するものとする」とし、中学校については、「泳法との関連において、水中からのスタート及び、ターンを取り上げること」としていることによります。

高校でも飛び込み指導は制限

高等学校については、「段階的な指導を行うとともに、安全を十分に確保すること」と、スタート指導が可能な内容となっていますが、2022（平34）年度から実施される次期学習指導要領では、「泳法との関連において水中からのスタート及びターンを取り上げること。なお、入学年次の次の年次以降は、安全を十分に確保した上で、学校や生徒の実態に応じて段階的な指導を行うことができること」と改正され、1年生では飛び込みを指導せず、2年生以上では段階的指導の上で飛び込み指導ができることとなりました。

しかし、部活動での水泳については、競泳競技の規則上、スタート台からの飛び込みが求められますので、飛び込み練習は欠かせません。そこで、最初は低い位置から段階的に飛び込みを指導し、スタート台からの飛び込みへと進めていくことが必要となります。

なお、日本水泳連盟の「プール公認規則」では、スタート側端壁前方6mまでの水深が1.35m未満である時はスタート台を設置してはいけないとしています。

文部科学省は、「水泳指導の手引き」を、また、日本スポーツ振興センターは、「学校における水泳事故防止必携」を刊行しています。水泳事故防止のために是非、参考としてください。

安全に配慮したプールの構造や設備のあり方を教えてください

排水口に吸い込まれる事故
　プールで発生する事故で、飛び込み事故に次いで恐ろしいのは、排水口への吸い込まれ事故です。以下は、ある高校で夏休みの課外学習で発生した事故の概要です。

　事故にあった生徒は友人数人とプールの循環排水口付近で泳いでいて、排水口（45cm×45cm×48cm）に足を引き込まれました。友人が気づいて引っ張ったが足が抜けません。知らせを受けた教諭とＰＴＡの当番も救出に当たったが足が抜けず、循環ポンプの電源を切りました。それでも足が抜けず、消防車が駆けつけてプールの水を抜き、救急隊員がやっと救出しましたが、時遅く、死亡するに至ってしまいました。

　このような事故は遊園地や公営プールでも時として発生し、報道されるところですが、一度体を吸い込まれると、なかなか救出が困難で、大事に至るケースが多いようです。

　吸い込まれ事故のほとんどは、排水口の蓋の不具合によるもので、きちんと固定してあればほとんど問題はないのですが、最近の報道では、遊園地のプールで、排水口のスリット蓋がきちんとついていたにもかかわらず、小児がそのふたに吸い寄せられ、溺れるという事故が報道されています。これは、水の吸い込み負圧が高く、小さな子どもでは、その流れに抵抗できなかったからのようです。

　最近、学校のプールを校舎屋上に設置する例がよく見られようになりましたが、こうしたプールでは、水を抜く時の排水の勢いは地上のプールとは比較にならないほど強いので、たとえスリットがしっかりついていても、吸い込まれてしまう不安があります。構造的に問題がないか、十分に注意すべきです。

安全な排水口
　排水口は普通、排水管の前に排水枡を置き、排水枡がプールの床面にある場合はその上部にスリットの蓋を設置します。排水枡がプールの壁面にある場合

Q4　安全に配慮したプールの構造や設備のあり方を教えてください

はその側面がスリット蓋となります。最も重要なのはこの蓋がボルトなどで確実に固定されていることと、材質がステンレスなどで腐食しない頑丈なものであることです。

　もう一つ大切なことは、プールの清掃で、スリット蓋をはずして排水枡を掃除・点検する時に、排水管に足などが吸い込まれる事故が発生しやすいので、排水枡に開いている排水管の口に頑丈な吸い込み防止金具をつけることです。また、排水枡は複数設けて吸い込み圧の分散を図ることも必要です。

　下の図は、2007（平19）年に、文部科学省と国土交通省が発表した「プールの安全標準指針」に記載されている排水枡のモデルです。

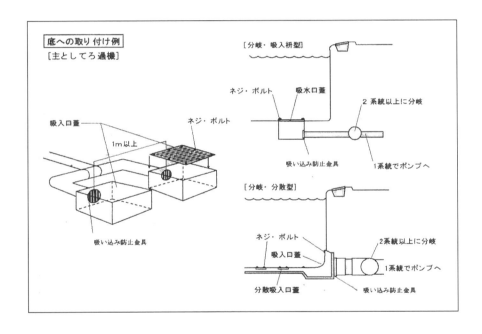

17

第1部　学校施設の安全追求

Q5 ガラスによる事故を防止するための留意点を教えてください

ガラス事故は室内に多い

近年、安全ガラスの普及に伴い、ガラス破損による事故は減少傾向にありますが、それでもかなりの頻度で事故は発生しています。

ガラス事故の多くは、校舎内で発生しています。原因となる行為は、追いかけっこで教室出入り口やトイレ出入り口の戸を無理に開け閉めしようとしたり、体をぶつけて開けようとしてガラスを割るというものです。

そのような状況を踏まえれば、校舎の外部に面したガラスだけでなく、廊下と教室の間のガラスや、家具にはめられたガラスの安全化も遅滞なく進めることが大切です。

また、学校特有のガラス事故として、蛍光管を割る事故が目立ちます。体育館など破損の可能性が高いところでは鉄製のカバーなどが付けられなければなりません。カバーを付けるのがふさわしくない場所については、割れてもガラスが飛び散らないように工夫した「飛散防止膜付蛍光灯」が市販されていますので、採用を検討することも必要でしょう。

透明ガラスへの衝突

ガラス事故の中で特に重傷事故となりやすいのは、透明ガラスの存在に気がつかなくて、夢中で走って衝突する事故です。

この種の事故を防ぐには、第一に子どもは遊びなどに夢中になると注意力が弱まることを前提とし、大きな透明ガラスを用いないことです。万一、そうしたガラスが用いられている場合は、ガラス面に明確な目印をたくさん付けたり、ガラスの前面に植物を置くなど、衝突予防の措置をとることです。

また、開口部のガラスは、万一衝突しても重大な事故とならないよう、学校用の安全ガラスを用いなければなりません。

強化ガラスの商品名に「スクール……」などと、学校用の表示がなされているものは、一般の強化ガラスより薄いものが多いようです。これは、衝突の衝撃が非常に強い時は、粒状に割れて、頭部などに大ケガを負わせることがない

ように意図的に配慮されているものです。安全ガラスの特徴をよく理解して、必要なものを選択しなければなりません。

1987（昭62）年、名古屋地裁は小学2年生の男子が公民館の玄関ガラスに激突して死亡した事件で、玄関に使用していたガラスが厚さ5mmの普通ガラスであり、「開口部の安全設計指針」などに準拠した安全配慮がなされていないとして、管理自治体に損害賠償を命じる判決を下しています。

「開口部の安全設計指針」は板硝子協会が示しているもので、公的機関の指針ではありませんが、学校も対象施設として指針を示しています。裁判でも注意義務の指標として援用されているものですから、ホームページ等で確認しておくべきと思います。

片づけ中の二次災害

ガラスによるケガでよく見られるのは、割れたガラスを片づけていてケガをするというものです。

安全ガラス（熱強化ガラス）を用いていれば、割れてもするどいエッジ状の破片とならず、粒状になるので大幅に危険は減るのですが、そうしたガラスを用いていない場合は、十分注意しなければなりません。取りはずしはできるだけ施工業者に任せるべきですが、学校職員が処理する場合は、厚いゴム手袋をはめ、特に上部からのガラスの落下に注意してゆっくりと処理してください。子どもが手を出すことは禁じなければなりません。

安全ガラスの用い方

安全ガラスには2つの種類があります。合わせガラスは2枚の板ガラスを強靱なプラスチックフィルムではさみ、熱と圧力で接着させ、割れても破片が脱落しないので傷害を防ぐことができるものです。また、耐貫通性にも優れており、高所からの落下物による事故防止にも効果があります。ガラスを割っての侵入を防ぐ効果もあります。自動車のフロントガラスでもおなじみです。

もう一つの安全ガラスである強化ガラスは、普通の板ガラスを熱処理して、強度を3倍から5倍にしたもので、割れづらく、割れたとしても破片が細かくなる上に、破片のエッジが鋭利にならないので、大ケガになるのを防ぐことができるようになっています。

安全ガラスかどうかは、次頁の図のような種類別のマークが付けられていま

すので、簡単に確認できます。

　防火効果の高い網入り、または鉄線入りガラスも外部に面する場所で多用されます。こちらは強化ガラスのような強度はありませんが、飛散は防げます。しかし、割れた破片は鋭いエッジ状になりますので注意が必要です。

　そのほか、2枚のガラスの間に空気層が挟まれており、断熱効果がある上に空調費を節約できる「複層ガラス」や「高断熱複層ガラス」、特殊金属膜を複層ガラスの室外側に貼り付け、日射を遮蔽して冷房効果が高くなる「遮熱複層ガラス」、2枚のガラスをプラスチックフィルムで挟むことにより防犯効果を高めた「防犯合わせガラス」などもあります。

　学校におけるガラス選択の指針としては、国土交通省から、「ガラスを用いた開口部の安全設計指針」が、また、板硝子協会から、「学校におけるガラスの安全設計指針」が出されていますので、参考にしてください。

安全ガラスのマーク

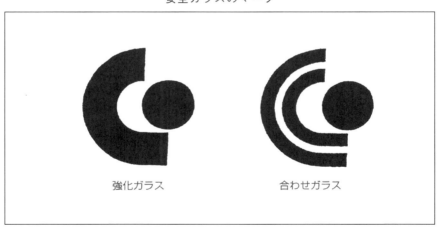

# 運動場や体育館での事故防止の留意点を教えてください

表層材は自然素材が望ましい

　運動場（校庭）は、小・中・高等学校の校種によって使い方が違う上に、学校の立地条件等、個別の事情によっても使用方法が多様となります。そのため、どのような表層材を用いるのかについては、それぞれの事情を配慮して、ふさわしいものを選ぶこととなります。

　しかし、どのような材質が使われるのであっても、ケガの防止、足腰への負担減少などの安全面・健康面には特に配慮しなければなりません。そうした観点からは、天然芝、土（クレー）などの自然素材がやはり好ましいと思われます。

　自然素材は転倒してのケガもひどくない上に、走るために足を踏み込んだり蹴ったりする時の力を地中に逃がす形でクッションになり、足へのキックバックが少ないのが特徴です。

　一方、ウレタンやゴムチップなどの人工素材は、踏み込んだ力が弾性材の下のアスファルトから跳ね返ってくるので、足の関節等に障害を与える可能性が高くなります。また、自然素材のほうが適度の滑りがあり、急にストップがかからないことも足腰には良いとされています。

　また近年、大都市はアスファルトとコンクリートに覆われて、ヒートアイランド現象を起こしているので、土・天然芝の校庭は環境への配慮という側面からも支持を得ています。特に芝生は、温度・湿度の調整、砂塵や表土流出の防止、美観向上などの観点から最も優れている表層材と言えます。夏季の晴れた日中の芝生の表面温度は、アスファルト舗装より15℃近く低いと言われています。

　そこで東京都では、公立小中学校の校庭芝生化事業を推進しています。「生徒の日常的な運動量が増加し、たくましく健康な体を育むことができるだけでなく、理科教育・環境教育面での体験的な学びの機会が増加します。また、芝生の活用と維持管理を通じて、地域と学校とのきずなが深まり、地域の力を取り込んだ学校の活性化につながります」と事業の意義を明らかにしています。

21

第1部　学校施設の安全追求

　また、地震災害などの避難拠点として学校が用いられることを考えれば、校庭が土などの自然材であれば、容易に穴を開けたり、支柱を建てられたりすることも大きなメリットです。

自然素材は維持管理が大変

　しかし、自然素材には経費・維持管理などで大きな弱点も存在します。土の表層材は定期的に掘り起こして整備しなければなりません。天然芝は刈り込み、草取りなどの日常管理が大変で、養生期間を設けなければなりません。

　一方、人工素材は、かなり長期間の使用に耐え、日常管理もほとんど必要がありません。透水性に優れたものでは、雨が上がればすぐに利用することもできます。また、冬季に凍結する恐れもありません。

　こうしたことから、今後も人工素材を選択する学校は多いと思います。ただ、前述のように身体への障害を起こす可能性がより高いこと、夏季は表層が熱くなってやけどを負うこともあるなどの問題点をよく承知して利用しなければなりません。

　自然素材として用いられるものとしては、天然芝のほかに以下のような各種の土があります。

　クレイ（荒木田土・マサ土）、ローム、ロームと川砂の混合土、ダスト（石灰岩等を細かく粉砕した材料で、角張っていることが多い）、また、土の中には、アンツーカーのように人工焼成したものもあります。排水性が良く、雑草が生えないなどの利点もあります。

詰め込みすぎの運動場は危険

　都市部の学校では必要十分な校庭を確保することが困難で、やむを得ず、狭い校庭に体育器具や遊具、体育倉庫などが無理に押し込まれ、それが事故の原因となることがあります。

　例えば、2001（平13）年には、走路を走っていた小学生が、かたわらの鉄棒にぶつかって負傷する事故が発生しています。走路のライン近くに鉄棒や遊具を設置する苦しい事情もわかりますが、明らかに危険な位置関係にあれば自治体の賠償責任、管理者の管理責任は免れないでしょう。

　校庭が狭い学校では、どのようにすれば運動面積を増やせるかに知恵をしぼり、例えば屋上の利用、プールに蓋をして運動場とするなどの具体的計画を立

22

てなければなりません。

体育館床板による事故の防止

　文部科学省の発表した調査によれば、2006（平成18）年度から2015（平27）年度の間に、体育館床板が剥離し、腹部等に刺さって負傷した事故が7件確認されたとのことです。

　体育館の床板が剥離する原因としては、清掃時に、水分を吸収すること及び、それが乾燥することが考えられます。そこで文部科学省は、水拭きやワックスがけは極力抑制すべきであるとの通知を行いました（体育館の床板の剥離による負傷事故の防止について　29施施企第2号）。こうしたことから学校は、体育館床板の水拭きを極力抑制するとともに、滑り止めワックスを塗布する時には、水分の影響を最小限とするよう配慮しなければなりません。

　また、床板の保守点検を定期的に行い、不具合を発見した時は、専門業者等に相談して速やかに補修することが求められます。不具合の状況は写真等に記録し、教育委員会に報告します。

砂場や器具庫にも注意が必要

　砂場については、砂の中に「何やら固い物」があり、走り幅跳びをした小学4年生の児童がぶつかってケガをした事故について、安全管理に瑕疵があったとして賠償を命じた判決があります。砂場だけでなく、運動場全体について、石やガラス破片などが落ちていないか、埋め込み式スプリンクラーに足をとられることはないか、運動場に隣接する花壇や樹木、池などに子どもがぶつかったり、はまったりする危険はないかなどをきちんと点検しなければなりません。

　また、運動場の隅や体育館に付属している体育器具庫は子どもたちの隠れ場として格好であり、様々な事故の温床となりやすいので、施錠したり、見回り点検の要所として、内部をよく確認するなど配慮が必要です。

第1部　学校施設の安全追求

Q7 UESTION 床や壁、天井などの安全配慮を教えてください

滑りにくく弾力性のある床材を

　教室などの床や壁は、子どもの活発な動きにも安全なように、突起物を避けたり、段差をできるだけ設けないなどの配慮をしなければなりません。それと同時に、床や壁に用いられる材質の選択にも意を用いなければなりません。

　滑りにくく弾力性のある木質のものや、カーペットなどを気候条件や健康にも配慮して適材適所で用いるべきです。学校施設整備指針も壁や床の材質等について以下のような指導事項を設けています。

○壁、床等には、適度の強度と弾力性をもち、十分な耐久性のある材質のものを使用することが重要である。特に、運動を行う空間の床は、不陸や表面の荒れなどを生じにくい材質のものを使用することが重要である。

○理科教室においては、耐薬品性のある材質のものを使用することが重要である。

○床には滑りやすい材質のものの使用を避けることが重要である。特に、水を使用する部分及び雨等が持ち込まれる部分の内装には、耐水性、耐湿性及び耐食性に優れ、かつ、濡れても滑りにくい材質のものを使用することが重要である。なお、調理室については、雑菌等の発生を抑制するドライ方式とすることが重要である。また、便所については、ドライ方式とすることも有効である。

○児童の通行する部分においては、児童等が、気がつかずにつまずくような危険な段差をつくらないことが重要である。

○障害のある児童、教職員及び学校開放時の高齢者、身体障害者等が支障なく活動ができるよう、床には段差その他の障害となるものを設けないことが重要である。

○運動を行う空間の床は、必要な強度と弾力を備え、危険な突起等のない形状とし、必要な設備・用具を取り付けることが可能な仕様とすることが重要である。

24

壁・天井はシックハウスや防災も考えて

　学校の壁にはランドセルや体育衣などをぶらさげる掛け具が並べて設置されている光景を見ますが、走ったり、遊んだりする子どもの日常活動を考えますと、非常に危険です。それを用いないですませる方法を何とか考えるべきです。どうしてもやむを得ない時は、衝突を防ぐ手だてを講じなければなりません。

　特に体育館の壁には危険な突起を設けてはいけません。運動具の危険な設置がないかにも、注意を払います。

　また、内装材には化学物質過敏症などのシックハウス症候群の原因となる物質を用いないよう注意が必要です。シックハウス症候群関連物質の使用規制については、学校環境衛生基準が定めています。

　こうしたことを考えると、学校の壁には木を用いることが最も望ましいと思います。木は触れて温かみと弾力があり、ぶつかった時の衝撃を吸収してくれます。吸湿性にも優れ、湿度を調整してくれます。不燃材質が求められる場合でも、廊下や教室の壁の腰板は木を用いたいものです。

　また、壁や天井は防火への配慮も必要で、自治体ごとに様々な規制がなされています。例えば東京都建築安全条例は、小学校等の教室壁と天井の仕上げを難燃材料とし、その室から地上に通じる廊下・階段等の壁及び天井の仕上げを準不燃材料としていなければ、4階以上には教室を設けてはならないという規定があります。

　吊り下げ天井のような、非構造部材の耐震補強については、Q31を参照してください。

Q8 階段での事故防止の留意点を教えてください

学校の階段には特別の規制が

　廊下・階段・バルコニーなどは、非常の場合の避難路となります。建築基準法などの規制に従わなければならないのはもちろんですが、子どもたちの危険な遊び場となりうることにも留意した設計と維持管理が図られなければなりません。

　階段事故で最も多いのは、走り降りて足を滑らせて転落、あるいは後ろから押されて転落といった、転落事故です。

　こうした事故を減らすため、建築基準法施行令は、子どもの体格に合わせて、蹴あげの高さや角度などを定めています（第23条）（図1参照）。

　規制値は、小・中・高等学校の階段幅は140cm以上。蹴あげの高さは小学校16cm以下、中学校と高等学校は18cm以下。踏み面の深さは小・中・高等学校とも26cm以上となっています。

図1　蹴あげと踏み面

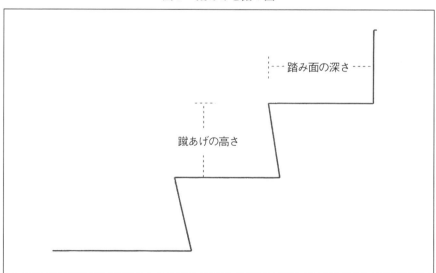

中空き階段は危険

 特に小学校では、階段の手すりを滑り降りる遊びで、バランスを崩して、落下するという事故がたびたび発生しています。

 過去の裁判例では、小学5年生が階段の手すりに飛び乗ろうとして失敗。転落死した事件で、手すりを滑る遊びは当然予測すべきとして、設置者の責任を認め、原告勝訴となったものがあります。

 階段の手すりが滑りやすい構造であれば、子どもは必ず滑り遊びをするものと思わなければなりません。手すりの途中に突起を設けるなどして、滑れないようにする工夫が必要です。

 階段は普通、階と階の中間に踊り場を設け、180°屈曲しているものですが、その中央部が最上階から最下階まで空いている「中空き階段」と、空いていない「屈折階段」に分けることができます（図2参照）。

 中空き階段は子どもが最下階まで転落するという最悪の事故も考えられますし、物を落とせば、事故につながる危険性もあります。

 中空き階段には明るさ確保や換気に利点がありますが、学校では屈折階段にするほうが良いでしょう。中空き階段とするのであれば、転落・落下物防止の網・柵を適宜取り付けなければなりません。

図2 中空き階段と屈折階段

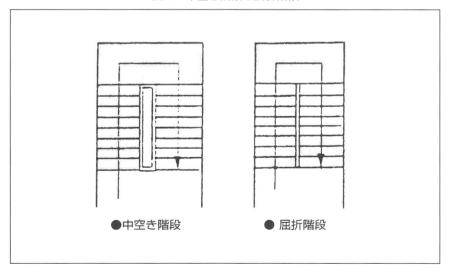

第1部　学校施設の安全追求

Q9uestion 廊下での事故防止の留意点を教えてください

居場所でもある廊下

　廊下は、子どもの登下校、学習での行き来、緊急時の避難などの動線として不可欠な存在です。安全な材質で、十分な広さが確保され、避難経路を考えた設計がなされなければなりません。

　それと同時に、「居場所」があまり用意されていないわが国の学校では、休み時間や自由時間の子どもの居場所・遊び場所として用いられていることにも留意しなければなりません。

　そうした状況では、子どもに「廊下は走らないで」と指導してもなかなか徹底できません。廊下では遊びに起因する事故が起きるものだとの観念に立って、安全配慮を行うべきでしょう。

廊下は事故の多発地点

　廊下で多いのは、子ども同士の衝突事故や、廊下に面したガラス破損による事故です。それを防ぐためには、廊下の広さを十分に取り、右側通行を誘導することや通行の障害となる戸棚類を置かないようにすることが大切です。

　廊下に置かれた戸棚類は、地震で万一転倒することがあれば重大な結果をもたらします。どうしても置かなければならない場合は、確実に転倒防止と衝突防止措置を取らなければなりません。

　廊下は右側通行を守っていれば、曲がり角で起きやすい衝突事故をかなり防ぐことができます。そのためには、中心線を示して、右側通行を誘導することが有効です。廊下の曲がり角には、姿見鏡を設置することも有効です。

　廊下はガラス事故の多発地点でもあります。廊下に面した出入り口や窓のガラスは、すべて安全ガラス（強化ガラス）を用いるべきです。

　雨が降ると廊下は濡れやすくなり、スリップ事故が発生します。それを防ぐためには、昇降口や靴箱まわりに広めのマットを敷くこと、傘立てはできるだけ昇降口に近いところとするなどの対策が必要です。

　また、廊下が濡れた場合には頻繁にモップで拭うなどの対策も立てておきま

28

しょう。

楽しい廊下づくりも

　校舎の新築・増改築時には、廊下を居場所として積極的に活用させるための設計を考えることも良いでしょう。

　廊下の要所に子どもたちの語らいの場所として、ラウンジやベンチコーナーとなるふくらみを持たせたり、教科のミニ学習コーナーや展示スペースを設ける、ミニライブラリーを設けるなど、様々な手法が考えられます。

　オープンスペースを教室に付属させている校舎では、オープンスペースに廊下の役割も負わせる形式が多いと思います。オープンスペースには、テーブルなど様々な学習家具や教材が存在することになると思いますが、廊下としての役目を安全に果たすためには、それらが通行の邪魔にならないよう、整理されている必要があります。そのために必要な広さは是非とも確保しなければなりません。オープンスペースに付属して、オープンスペース用の家具や教材を収納するスペース、または倉庫を備えることも効果的です。

法の規制も

　学校の廊下は、火災等の避難経路として、建築基準法や都道府県の条例で特別な規制が定められています。

　建築基準法施行規則第119条は学校の廊下を、両側に教室等がある場合は2.3ｍ以上、片側の場合は1.8ｍ以上と規制しています。

　都道府県の建築安全条例に、より詳細な規制が設けられることもあります。例えば、東京都建築安全条例は、学校のような「特殊建築物」は、廊下を行き止まり状にしてはならないなどの規制を定めています（第10条の８）。

第1部　学校施設の安全追求

Q10 QUESTION 教室の出入り口や校門の安全配慮を教えてください

出入り口は引き戸が安全

　教室の出入り口や、校舎の昇降口は事故の頻発地帯です。

　子どもたちが出入り口を挟んでふざけたり、けんかをしてガラスを割る、勢いよく廊下を走ってきた子どもが教室から出てきた子どもにぶつかる…など多くあります。

　小学校だけでなく、中学校、高校でもそのような事故がたびたび起きています。

　そのため、出入り口・校舎昇降口の扉のガラスはどこよりもまして安全ガラスへの切り替えを進めなければなりません。特に、昇降口の扉が開き戸になっている場合は、強風にあおられてガラスが割れる事故が起きやすいのでガラスの選択は重要です（ガラスの選択はＱ５を参考にしてください）。

　廊下を走る子どもが教室やトイレなどの出入り口にぶつかって負傷する事故を防止するには、扉の形式を開き戸ではなく引き戸にすることが有効です。

　引き戸である場合も、戸袋に手を引き込まれるような事故は起こりうるのですが、開き戸と比べれば、重傷事故の恐れは少なくなります。

　そのため、学校施設整備指針も教室等の出入り口は引き戸とすることが望ましいとしています。

　昇降口では、衝突防止の観点からだけではなく、開き戸は強風時に開閉しにくいことや、強風であおられて通行しようとする子どもに激突する恐れもあることからも、引き戸として設計することが望ましいと思います。

　過去には、校庭から教室へ戻ろうとして昇降口の開き戸式扉を開けたところ、台風による強い風で突然ドアが閉まり、指に重傷を負ったという事故が報告されています。

　なお、教室の出入り口については、緊急時・災害時の避難経路を確実に確保するため、都道府県の建築安全条例で、廊下や屋外等に面して２カ所以上設けなければならないとの規定が設けられていることがあります。条例をチェックしてみてください。

校門は転倒と挟まれ事故に注意して

　校門については、地域に開かれた学校を目指して、多くの人々が気軽に訪問できるように扉をなくしたり、常時開放しておく学校が見られるようになってきました。

　しかし一方では、大阪教育大学附属池田小学校の痛ましい事件を契機として、校門を常時施錠する、カメラ付きインターホンを設置する、ガードマンを配置するなど、監視を厳重にする傾向も強くなりました。不審者の侵入事故が発生すると、校門を施錠してあったかどうかが問われることもあるので、今後もその傾向は強まると思われます。

　そうすると、今度は管理が厳重になった校門での事故が心配になります。校門の扉では以前から、子どもが頭を挟まれて死亡する事故や、門扉が転倒して下敷きとなる重大な事故がたびたび発生しています。

　特に正門には、長大で頑丈な扉が設置されることが多いので、生命に関わるような事故となってしまいがちです。

　校門は、できるだけ軽い素材にすること、転倒しずらい構造とすることが求められます。

　また、学校施設整備指針は不審者の侵入を防止する観点から、門の配置について、以下のような指導事項を設けています。

　「不審者の侵入防止や犯罪防止等の観点から、職員室や事務室等の教職員の居場所から見通しがよく、死角とならない位置に門を設置することが重要である」

 トイレの安全配慮を教えてください

トイレはドライ方式が望ましい

　トイレの出入り口は子どもたちのふざけ遊びが多いところです。

　追いかけっこでトイレへ逃げようとしてドアにぶつかり負傷するという事故がよく起こります。そのため、トイレの出入り口はドアのない造りにしてしまいたいものです。

　トイレの出入り口ドアをなくすということは、トイレの構造をドライシステムにすることにもつながります。

　わが国のトイレは、家庭を含め、ほとんどがドライシステム、すなわち、廊下の続きにトイレがあるという構造になっています。それに対して学校のトイレは、タイルの床に水を流して、デッキブラシで掃除するウェットシステムがいまだに優勢です。

　この方式は清掃がしやすいので、駅や公園でも用いられていますが、床が濡れていることが多いので、滑りやすく、転んでケガをする恐れもあります。

　濡れた床は細菌が増えやすく、不衛生です。またウェットシステムでは、床に設けられた排水口から臭いが出やすくなります。

　そのため、ウェットシステムのトイレでは出入り口にドアを設けるのが普通です。

　子どもたちに学校のトイレを怖いもの、汚いものという意識が強いのも、ウェットシステムが原因していると思います。

　ドライシステムのトイレは廊下と同様に、モップなどで清掃することになります。ウェットシステムよりはこまめなチェックが必要とされますが、清掃の手間はそれほどにはかかりません。学校職員と子どもの努力さえあれば十分まかなえます。

　どうしても床を水洗いしたいという時のことを考えれば、セミドライといって、床に排水口を設けますが、隠し蓋をしておき、必要な時に開けるという方式もあります。

Q11　トイレの安全配慮を教えてください

トイレをきれいにすると学校が変わる

　トイレが改装されてきれいになったら、荒れていた学校が見違えるように変わったという話は各地から伝わってきます。非行や事故の温床となっていた汚いトイレをきれいにすることは、学校事故防止の観点からも極めて有効だと思います。

　トイレの前にベンチコーナーを設ける。いつも花をかざる。……子どもたちの生活の場を大切にし、様々な努力をしているという学校や行政の姿勢が子どもたちに伝わり、心を動かすのだと思います。

　トイレの改修はかけられた経費に対し、比べようもないほどの効果をもたらすものです。各地で、ぜひ取り組んでもらいたいと思います。栗東市教育長の里内勝先生の著書『トイレをきれいにすると、学校が変わる』（学事出版、2004年）などが参考になるでしょう。

　ウェットシステムのトイレで、特に問題となる「臭い」については、タイル床をガラスコーティングすることで、大きく改善することができます。試されてはいかがでしょうか。

　また、床の排水口や小便器に用いられているトラップ（椀トラップなど）は破損して臭いが漏れることもよくありますので、こまめな点検、取り換えが必要です。

多機能トイレ

　学校には、体に障害のある子どもたちが通学するだけでなく、地域の生涯学習の拠点として、また防災拠点として、お年寄りや体に障害のある方も訪れる施設です。

　そのため、各階に多機能トイレを設置することが、高齢者、障害者等の移動等の円滑化の促進に関する法律（バリアフリー法）によって求められています。トイレ改修の機会があれば、是非とも、設置を進めてもらいたいものです。

33

第1部　学校施設の安全追求

Q12 遊具に起因する事故防止の留意点を教えてください

低下した危険回避能力

　最近の子どもは運動能力の低下、特に、身に危険が及ぼうとしている時の察知能力と回避能力の低下が著しいと言われています。

　かつて、子どもたちは、山野や空き地などを遊び場とし、ヒヤリとした経験を積み重ねて成長し、危険回避能力や友だちにケガを負わせない能力を自然に身につけてきました。

　しかし今日、そのような環境はほぼ消滅し、学校においても、少しでも危険性のある遊具は除去しようとする傾向が顕著となってきました。

　こうした傾向は、子どもたちの身体能力・危険回避能力の低下に拍車をかけることとなってしまいます。そのため学校は校庭に鉄棒などの体育器具や、ジャングルジムなどの遊具を豊富に整備して、能力育成に取り組むことを考えなければなりません。

リスクとハザード

　こうした視点から、国土交通省が公表している「都市公園における遊具の安全確保に関する指針（改訂第2版、2014年6月）」は、学校における遊具の設置に重要なヒントを与えてくれます。

　指針は、危険性の高い遊具は本来設置すべきではないが、「子どもが遊びを通して冒険や挑戦をすることは自然な行為であり、子どもは予期しない遊びをすることがある。また、子どもはある程度の危険性を内在している遊びに惹かれ、こうした遊びに挑戦することにより自己の心身の能力を高めてゆくもの」という認識に立って、一概に危険性のある遊具すべてを排除すべきではないとしています。そして、遊具に内在する危険性を「事故の回避能力を育む危険性あるいは子どもが判断可能な危険性であるリスクと、事故につながる危険性あるいは子どもが判断不可能な危険性であるハザードとに区分」し、リスクを適切に管理し、ハザードを除去する観点から遊具の整備を進めることを提言しています。

34

指針は、リスクとハザードを次のように解説しています。

「子どもは、小さなリスクへの対応を学ぶことで経験的に危険を予測し、事故を回避できるようになる。また、子どもが危険を予測し、どのように対処すれば良いかの判断が可能な危険性もリスクであり、子どもが危険を解っていて行うことは、リスクへの挑戦である」

「ハザードは、遊びが持っている冒険や挑戦といった遊びの価値のないところで事故を発生させる恐れのある危険性である。また、子どもが予測できず、どのように対処すれば良いかの判断が不可能な危険性もハザードであり、子どもが危険を解らずに行うことは、リスクへの挑戦とはならない」

「リスクとハザードの境界は、社会状況や子どもの発育発達段階によって異なり、一様でない。子どもの日常の活動経験や身体能力に応じて事故の回避能力に個人差があり、幼児が児童用遊具を利用することは、その遊具を安全に利用するために必要な運動能力、危険に関する予知能力、事故の回避能力などが十分でないため、ハザードとなる場合がある」

こうした観点から、小学校段階で、設置が推奨されるべき遊具は、ジャングルジム、うんてい、はんとう棒などであると思います。

その一方で、グローブジャングルなどの回転塔、遊動えんぼく、箱ブランコなどの可動性がある重い遊具はハザードを除去しがたいので、設置すべきではありません。特に、「箱ブランコ」は過去に重大事故が多発しましたので、文部科学省は安全配慮を求める通知を行っています（「学校に設置している遊具での事故について」13ス学健第38号）。

落下高さと安全領域の管理

校庭などに遊具や運動器具を設置する際には、社団法人日本公園施設業協会が策定した「遊具の安全に関する基準（2014年改訂版）」が参考となります。

この基準では特に、各遊具の落下高さと安全領域の数値が重視されています。落下高さの基準とは、それぞれの遊具から子どもが転落した時、重度の障害あるいは恒久的な傷害を最小限度にするための標準的な最大値を求めるものです。例えば、ジャングルジムでは最高点を幼児用では2ｍ、児童用では3ｍとしています。同様にうんていの懸垂はしご部の高さは2.3ｍを基準値としています。

安全領域とは、その遊具を安全に利用するための遊具周囲の占有空間のこと

第1部　学校施設の安全追求

であり、遊具の性質と高さを基準として数値を定めています。例えば、児童用
ジャングルジムではすべての方向に1.8mが必要とされます。また、遊具と遊
具が隣接して設置される場合に安全領域の重複が許される範囲についても基準
値を設けています。

安全点検の重要性

　遊具に起因する事故では、グローブジャングルの鉄製支柱の腐食が進んでい
たのに気づかず倒壊、あるいは、金属疲労による倒壊といった、点検によって
防ぐことが可能であったと思われる事故が各地で多発しています。

　こうした事故を防ぐための点検手法についても、前述の「遊具の安全に関す
る基準」は指針を定めています。目視、触診、聴診、打診、計測などが主なも
のですが、学校職員の日常点検ではなかなか異常を発見することができません
ので、学校を設置する自治体が専門家に依頼して定期点検を進めるべきです。

ジャングルジムの落下高さと安全領域

Q13 学校のバリアフリー化はどのように進めるべきでしょうか

バリアフリー法の順守が求められる

　学校はバリアフリーに関する規制がかけられた施設です。それを規定しているのは、高齢者、障害者等の移動等の円滑化の促進に関する法律（バリアフリー法）です。この法律は、面積2,000㎡以上の特別支援学校を特別特定建築物に指定し、建築する時は、本法施行令が定める「建築物移動等円滑化基準」に適合することを義務づけています。また、その他の学校には、基準に適合するよう努力することを求めています（法14〜16条）。

　「建築物移動等円滑化基準」はバリアフリー基準とも言われるもので、これに適合した施設づくりに努めることが、学校事故防止にも極めて有効であることは言うまでもありません。

建築物移動等円滑化基準とは

　建築物移動等円滑化基準とは、高齢者や障害者に不便を与えないために、公共の建築物が守るべきバリアフリー等の基準です。施設内部に関する基準と施設への経路に関する基準の2つが設定されていますが、以下に施設内部の基準を一部紹介します。

①廊下は、表面が滑りにくい仕上げであること。
　必要な場所に点状ブロック等が敷設されていること。
②階段は、手すりを設けていること。
　表面が滑りにくい仕上げであること。
　段は識別しやすいもの、また、つまずきにくいもの。
　必要な部分に点状ブロック等が施設されていること。
　原則として、主な階段を回り階段としていないこと。
③スロープは、原則として手すりを設けていること。
　表面が滑りにくい仕上げであること。
　必要な場所に点状ブロック等が敷設されていること。

37

第1部　学校施設の安全追求

前後の廊下等と識別しやすくなっていること。

④便所は、車いす使用者用便房を設けていることや、車いすで利用しやすいよう、十分な空間が確保されていることなど。

⑤校地内通路は、表面が滑りにくい仕上げであること。

段がある部分は、手すりを設け、識別しやすくなっており、つまずきにくい仕上げであることなど。

⑥駐車場は、車いす使用者駐車施設を設けていること。その表示をしていること。幅が350cm以上あることなど。

自治体ごとの規制も

国の規制であるバリアフリー法に加えて、自治体がより広く深いバリアフリー化を求める条例を設けることがあります。そこで学校の施設管理者は、そのような条例にも目を向ける必要があります。

例えば東京都は、「高齢者、障害者等が利用しやすい建築物の整備に関する条例」を制定し、すべての学校をバリアフリー法の定める「特別特定建築物」とするという規定を設けました。これにより、東京都ではすべての学校が、施設を建築する時には、バリアフリー法の定める「建築物移動等円滑化基準」に適合させなければならないことになりました。

バリアフリーを目指す学校独自の課題は

学校には様々な障害のある子どもたちの通学が増加していること、地域と学校の協働活動の推進でお年寄りや体の不自由な人の来校が増えていること、地域の避難所としての機能も期待されていることなどから、学校に特化したバリアフリーの推進が求められます。

そこで文部科学省は、2004（平16）年3月、「学校施設バリアフリー化推進指針」を発表しました。そこでは、障害のある児童生徒等が安全かつ円滑に学校生活を送ることができるように配慮することや、学校施設のバリアフリー化がもつ教育的意義に配慮すること、障害のある児童生徒への個別のサポート体制を考慮すること、地域住民の学校教育への参加と生涯学習の場としての利用を考慮すること、災害時の応急避難場所となることを考慮することなどをバリアフリー化の基本とするとしています。

その上で、おおよそ以下のような具体的指針を示しています。

○設計に当たっては、多様な人々の利用を考え、ユニバーサルデザインの観点で検討する（ユニバーサルデザインとは、文化・言語・国籍の違い、老若男女といった差異、障害・能力の如何を問わずに利用することができる施設・製品・情報の設計をいいます）。

○極力、段差を設けない。段差が生じる場合はスロープを設ける。

○必要に応じてエレベーター等を設置する。エレベーターは車いすや視覚障害者・聴覚障害者に対応できるものとする。

○動線は明確かつ簡明なものとする。

○建物内で自分の位置を認知しやすいよう明確な空間構成とする。

○防火戸は車いすが通過できるものにするなど、避難経路の安全に配慮する。

○視覚障害者のための点字標識、聴覚障害者のための誘導音などを、日常の利用と、避難時の誘導を考えて設置する。

○柱、壁のコーナーを面取りし、突起物をなくし、凹凸の少ない空間構成とする。

○障害に応じた専用の学習コーナーを計画する。

○スロープ、廊下に滑りにくい材質の手すりを設ける。

○各階に車いす用のトイレ便房を設ける。

合理的配慮

　わが国が2013（平25）年に批准した「障害者の権利に関する条約」第24条は、教育についての障害者の権利を守り、機会の均等を実現するため、「障害者を包容するあらゆる段階の教育制度」（インクルーシブ教育システム）を確保することを求めています。条約を批准するために国内法である「障害者基本法」も改正され、インクルーシブ教育を推進する諸施策を講じることが義務づけられました。

　この条約には、「個人に必要とされる合理的配慮が提供されること」とする規定が設けられています。これは一人一人の障害者に、個別的に必要な人的配慮や、施設・設備の改修・整備を行うことを意味しています。

　合理的配慮を否定することは条約違反になります。

　学校設置者と学校は、一人一人の障害のある子どもたちの学習環境を守るためにも、バリアフリー環境の確実な整備を急がなければなりません。

第2部
活動場面ごとの事故防止を考える

第2部　活動場面ごとの事故防止を考える

$\mathbb{Q}$14 体育学習での事故防止の留意点を教えてください

用具の欠陥や整備不良が原因となることも

　体育や運動系の部活動などで発生する事故は学校事故全体の中で、かなり大きな割合を占めています。特に教科別の事故統計では体育が圧倒的に多くの部分を占めています。

　事故の原因には本人の身体状況や不注意によるものが多いのですが、健康観察や実技指導のミスなどの指導に関するものや、体育施設や用具の欠陥や整備不良によるものもかなり目立ちます。ここでは独立行政法人日本スポーツ振興センターの資料などから、用具等の欠陥や誤った使い方が原因となった事故の事例を紹介します。

○バレーボールのネットを片づけようとしたら、支柱の巻き上げハンドルが勢いよく回って、顔を負傷した。
○バレーボールのネットワイヤーが劣化し、ささくれた金属で指を負傷した。
○跳び箱の上部マットのキャンバス地が破れていて、そこに手が入ってケガをした。
○跳び箱のマット中綿が片寄っていて、手を捻挫した。
○跳び箱運搬中に、木部のささくれが刺さった。

　また、サッカーやハンドボールのゴール、バスケットボールゴール、バッティングゲージ等による事故も目立ちますが、競技中にゴールに衝突しての事故よりも、それらを運搬中に転倒してケガをした事故や、サッカーゴール等にぶら下がって転倒させ、その下敷きとなった事故などが頻度も高く、負傷の程度も深刻なものとなることが多いようです。

　そのほか、校外にまで飛んだボールを取りに行って、交通事故を起こした。窓外の庇に落ちたピンポン球を取りに行こうとして、落下事故を起こしたといった、不慮の事故も起きています。

42

Q14 体育学習での事故防止の留意点を教えてください

軽い素材を用い、しっかり固定する

　ゴール類による事故を防止するためには、誤った使用方法やいたずらを防ぐとともに、できるだけ安全なものを選択することが必要です。

　サッカーやハンドボールゴールについては、材質をアルミニウムやプラスチック製としたり、設置場所に差し込み孔を設けて固定する方法などが有効です。

　移動式のバスケットゴールは形式的に不安定であり、下部に重りをセットするようになっているものが多いのですが、その程度では事故の不安は解消されません。強風時に帆掛け船のようになって、校庭を動き回ったという報告もあります。

　移動式バスケットゴールは、運搬中以外はキャスターが確実に固定されていること、重りを確実に設置するほか、専用の杭やロープなどで固定することも考えなければなりません。バッティングゲージなどにも同様の配慮が必要です。

　これらの移動式器具は運搬時の事故が目立つのが特徴です。指導者の指示の下に運搬させること、運搬に必要な人員を十分に集めること、運搬路の安全を確認することなど、細部への配慮が必要です。

　校庭に設置する鉄棒については、体格差をカバーするために上下可動式のものを用いることがありますが、鉄棒と支柱の接続部分のゆるみに手が挟まってケガをしたり、鉄棒が回ってしまって落下するといった事故も報告されていますので、注意しなければなりません。

熱中症への配慮

　温暖化の進行とともに、熱中症が多発するようになりました。日射をうける校庭だけでなく、風通しの悪い体育館などでも多発していますので注意が必要です。指導者は子どもたちの健康観察を確実にするとともに、温度・湿度の上昇度合いを常に把握し、対策を講じなければなりません。

　熱中症対策については、Q23に詳記しましたので、参照してください。

43

第2部　活動場面ごとの事故防止を考える

Q15 理科実験での事故防止の留意点を教えてください

実験は安全な施設と設備で

　理科は体育に次いで事故発生件数の多い教科であり、事故の原因も極めて多様です。このうち、薬品に関するものは、次のQ16で詳記し、ここではそれ以外の事故防止について記述します。何よりも注意しなければならないのは、理科実験室の安全確保です。以下に、配慮すべき事項をまとめてみました。

①理科実験は、必ず実験に対応した理科室（実験室）で行わなければなりません。普通教室の学習机のように狭く、天板が縁高になっていない机で、アルコールランプを用いると、アルコールがこぼれた時に、床に広がりやすく、火災を起こす恐れもあるので絶対にしてはなりません。薬品を使った実験も同様です。

②理科室は、児童生徒数に応じた実験机が用意され、電気・ガス・給排水の設備、換気設備等が整っていなければなりません。

③実験机の天板は、耐熱・耐薬品性にすぐれたもの（セラミック製・メラミン製など）で、液体が床にこぼれないように、縁が高くなっているものが求められます。

④実験机に付属する流しは陶器製で、ガラス器具を落としてもよいように、スノコ等を敷くことが望ましいでしょう。

⑤実験机の高さは子どもの体格に対応したものでなければなりませんが、立った姿勢での実験が多いので、多少高めの設定が望ましいでしょう。

⑥薬品戸棚や実験器具戸棚に地震に配慮し、戸棚本体を固定するとともに、扉が振動で開かない工夫や、中の棚にバーを取り付ける工夫が必要です。

⑦戸棚に収納する器具は定位置を決め、ラベルで表示し、取り出しや収納時の事故を防ぐ配慮を行います。

ガラスは用途に応じたものを

　理科学習での事故のうち、ガラス器具が原因となる割合はかなり高くなって

44

います。それはガラスの硬度が6〜7と高く、割れれば鋭利な形状となること
や、熱伝導率が悪いので、肉厚のガラスを加熱すると割れやすいという性質に
よるものです。ガラス器具の選定・管理に求められる配慮事項は以下のような
ものです。

○ガラスの実験器具には耐熱性が高いものと、衝撃に強いものがあるので、予
　想される実験に合わせて選択し、各種揃えておかなければなりません。
○実験では加熱・加圧・減圧が繰り返されるので、キズのあるガラス器具は破
　損しやすくなります。普段からキズの点検が必要です。
○器具は実験に合わせて様々な形状が作られているので、区別して用いなけれ
　ばなりません。例えば、三角フラスコは減圧すると容易に破裂してしまうの
　で、そうした実験には丸形フラスコを用いなければなりません。
○アルコールランプは、中に入っているアルコールの量が少なくなると、点火
　の際に混合気体に引火し、爆発する危険があります。学習前にアルコールの
　量を確認し、容器の7〜8分目まで入れておくことが必要です。

電気器具等への配慮

　電気器具の事故には、感電や火災、爆発があります。実験室の電気容量を十
分に取ること、交流・直流のプラグ形状をきちんと分けること、コードは耐熱
コードやゴムケーブルを必要に応じて用いること、配線工事は資格のある者が
行うこと、電気器具のアースを確実に結線することなどの注意が必要です。ま
た、静電気を帯電した状態で行うと危険な実験もあるので、そうした実験をす
るのであれば、帯電除去の設備が必要です。
　レーザーポインターの出すレーザー光線によって、網膜を損傷する事故が以
前は頻発しました。現在は出力が規制されていますが、粗悪品も出回ってお
り、危険性は除去されておりません。製品の性能を確認するとともに、学習で
使用する際には子どもたちに使用上の注意を徹底します。

第2部　活動場面ごとの事故防止を考える

Q16 理科薬品の安全管理について教えてください

薬品管理には配慮事項が多い

　学校で使われる実験用薬品は種類が多く、それぞれに使用方法と管理方法での配慮事項が違ってきますので、細かな注意が必要となります。

　以下に、主な配慮事項を列記します。

①薬品は理科室（実験室）に付属する準備室内の薬品庫及び劇薬庫に保管します。薬品庫には一般薬品を、劇薬庫には毒物・劇物・危険物など、特に厳格な管理を要するものを保管します。

②薬品庫は、一般的な戸棚以上に耐久性があり、薬品による腐食を受けにくいものとします。劇薬庫はステンレス製など耐久性が高い材質で、薬品の種類ごとに区分・隔離して収納することができ、個別に施錠できるものを選びます。また、耐震固定には特に注意します。

③薬品のうち、毒物・劇物として特別な管理が求められるものは、一般に「毒物及び劇物取締法」で定められています。2013（平25）年の薬事法改正で新たに制定された「医薬品、医療機器等の品質、有効性及び安全性の確保等に関する法律」にも毒物・劇物指定がありますが、それは医薬品の指定であり、学校の理科薬品には直接の関係はありません。毒物と劇物の違いは、人に対する毒性の強さの差であり、より強いものが毒物として扱われています。

④危険物とは消防法、労働安全衛生法で指定される薬品で、自然発火性、引火性、爆発性などが強いものや、衝撃に敏感なものなどが指定されています。こうした毒物、劇物、危険物は劇薬庫の性質ごとに区分された位置に収納します。

⑤薬品の管理は、学校長が指定する管理責任者（理科主任等）が教育委員会等の定める薬品管理簿によって受け入れ、払い出しなどの管理を行います。毒物・劇物・危険物は「毒劇物薬品管理簿」など特別の管理簿で、薬品を使用するたびに使用重量を記入するなど、厳格な運用を行います。

Q16 理科薬品の安全管理について教えてください

⑥一般薬品の管理でも、薬品の性質ごとに収納場所を区分し、万一薬品が漏れた時も、反応を起こさないようにする注意が必要です。

また、薬品の容器はガラスのような割れやすいものからポリエチレン容器のような破損しにくいものに取り代わってきていますので、学校でも古い薬品はできるだけ早く更新するように努めます。

⑦一般薬品を薬品庫で保管する際は、劇薬庫と同じように薬品の性質の近いものを一緒に保管し、万一容器が破損しても、危険な反応を起こさないよう注意しなければなりません。

⑧薬品の区分収納法として一般的なのは、まず無機化合物と有機化合物に区分し、それぞれを性質の近いもので細分する方法です。

無機物の細分法は、金属と非金属に分ける、単体と化合物に分ける、酸・アルカリ・塩に区分するなどで、同じ区分にしたものは、アルファベット順に並べるなど、取り出しやすく整理します。

⑨実験をグループで分けて行う時などは、薬品も少量ずつ小分けしておくと時間を有効に使える上に、安全性が高まるので、そうした薬品は小分け容器で保管しておくとよいでしょう。

⑩１薬品ごとの保管スペースは、あとから増量補充されることも見越して、余裕をもたせておきます。

⑪薬品運搬中の事故を防止するために、キャスター付の薬品専用運搬ワゴンを用意することが望ましいでしょう。

⑫有害ガスなどの発生の恐れがある実験をする理科室では、強制排気装置や給気装置、エアカーテンなどで空気環境を保全するドラフトチャンバーを設置しなければなりません。

⑬毒物・劇物の貯蔵容器には、「医薬用外毒物」「医薬用外劇物」という表示のラベルを貼り、毒劇物を収納する劇薬庫にも同様のラベルを貼って、注意を喚起しなければなりません。

⑭薬品を扱う実験では、安全メガネを着用すべきものもあります。あらかじめ必要量を用意しておきます。

ＳＤＳの利用

今日、ほとんどの理科薬品には、試薬メーカーが試薬１品種ごとに作成したＳＤＳ（製品安全データシート）が公表されています。

47

第2部　活動場面ごとの事故防止を考える

　ＳＤＳには、その薬品の製造元、性質・形状、有害性、環境への影響、物理的・化学的危険性、吸入した場合や付着した場合、飲み込んだ場合などの応急処置方法、火災時の処置方法、保管の方法、輸送の方法、毒劇物等の適用法令などが詳細に示されています。

　そして、厚生労働省は労働安全衛生法に基づいて策定した「化学物質管理指針」（2000（平12）年３月31日公示）により、化学物質を販売・提供する事業者は、販売・提供先に薬品と共にＳＤＳを配布しなければならないとしています。

　したがって、学校においても理科薬品を購入した際には、本来は、販売業者からＳＤＳを受け取らなければならないのですが、実態として、小中学校にあっては購入量がわずかであることなどからＳＤＳが提供されない事例が多いと思います。そうした場合にも、「日本試薬協会」のホームページの「ＳＤＳ検索」により、容易に引き出すことができますので、それをプリントして、薬品の保管庫に備え付けることをお勧めします。

　なおＳＤＳは、以前はＭＳＤＳと呼ばれていましたが、2012（平24）年６月、経済産業省令の改正によって、国際的基準に合わせた項目改訂が行われた際に、呼称もＭＳＤＳ（Material Safety Data Sheet）から、国際的に用いられているＳＤＳ（Safety Data Sheet）に改称されたものです。

　学校職員は薬品の吸入、付着、飲み込みなどの事故が発生した場合、どのような応急処置が必要になるのかを、ＳＤＳから検索して適切な対処をしなければなりません。

薬品の廃棄処理原則は

　廃棄物の処理は「廃棄物の処理及び清掃に関する法律」により規制されています。同法は廃棄物を家庭から排出される一般廃棄物と事業者が排出する産業廃棄物に区分しており、学校は事業者とされますので、出される廃棄物はすべて産業廃棄物の規制を受けることに注意しなければなりません。

　この法律では、事業者は廃棄物を自らの責任において適正に処理すること、再生利用して減量に努めること、生じた廃棄物の適正処理が困難にならないように努めることが義務づけられています。したがって、理科室で生じる廃液等の薬品処理も事業者としての学校が責任をもって安全にかつ、環境に配慮して行わなければなりません。そのほか、廃棄物処理には、水質汚濁防止法などの

48

公害防止法令や都道府県の条例の規制を受けることにも注意が必要です。

　こうしたことから、薬品を安全に処理するには、専門的な知識と設備が必要であり、学校職員が一般的な排水経路で処理することは不可能ですので、教育委員会は専門業者と廃棄物処理契約を結び、定期的に学校の廃液等を回収する仕組みをつくらなければなりません。

薬品廃液の保管方法は

　しかし、そのような廃液処理の仕組みが確立しても、廃液回収までの間の保管については学校で責任をもって行わなければなりません。その際は、以下のような方法で保管します。

①廃液は原則として2回目の洗浄液までを収集する。
②廃液は薬品の性質ごとに区分された貯留区分に従って溜め、区分が不明な物質については専門家の指導を受ける。
③貯留容器は破損・腐食しにくいものとし、容量の2/3以上は溜めない。
④沈殿物除去など、前処理が必要な廃液は、処理を確実に行ってから貯留する。
⑤前処理の終わった廃液は、発熱・発泡・変質などがないか確かめながら、少量ずつ投入する。
⑥次の廃液は相互に混合しない。
　ア　過酸化物、塩素酸塩、過マンガン酸カリウム、クロム酸、過酸化水素などの酸化剤と有機物
　イ　シアン化物、硫化物、次亜塩素酸塩と酸
　ウ　塩酸、フッ化水素酸などの揮発性酸と濃硫酸などの不揮発性酸
　エ　濃硫酸、スルホン酸、オキシ酸、ポリリン酸などの酸と他の酸
　オ　アンモニウム塩、揮発性アミンとアルカリ
⑦悪臭を発する物質（アミンなど）、引火性の強い物質（二硫化炭素など）、爆発性物質（ニトログリセリンなど）は別に収集して早急に処理する。

　また、特に古い薬品でラベルがはがれて内容物がわからなくなったものや、変質が疑われる薬品など、特別な注意が求められるものは、専門業者と相談するなどの配慮が必要となります。

第2部　活動場面ごとの事故防止を考える

Q17 図工、技術、家庭科学習での 安全配慮を教えてください

作業机の安全設計

　教科学習中の事故で、体育、理科系の学習に次いで多いのは、図工科・技術科・家庭科等の実技学習中の事故です。具体的には、彫刻刀などの工具使用中のケガ、調理実習中のやけどなどが目立ちます。

　彫刻刀などの刃物を使う学習は、図工室・技術室などの工作机の上で行われることになりますが、小学校の工作机は一般的に向かい合わせ6人掛けで、天板の広さは180cm×90cm程度となっています。しかし、このような机では、両側から挟まれる中央の子どもがやや窮屈で、刃物を自由に使いづらく、ストレスを感じるようです。ケガの心配も高まります。

　工作机は、向かい合わせ4人掛けのものが望ましいでしょう。

刃物への注意

　彫刻刀などの刃物によるケガは、何よりも安全な使用方法の指導が大切ですが、刃がよく切れずに、材料の上を滑ってしまい負傷したという事例も多くみられます。図工室や家庭科室などに備え付ける刃物の切れ味は常に良好にしておかなければなりません。必要に応じてグラインダーなどの研磨器具も設置しなければならないでしょう。

　また、彫刻刀を使った学習では、机上に置く「版画作業台」を用いるべきでしょう。

　普通教室で刃物を使った学習をすることも考えられますが、普通教室の学習机は狭い上に、子どもたちが向かい合わせではなく、前向きに並んでいますので、滑った刃物が前席の子どもの背中を傷つける恐れがあります。どうしても普通教室でやらなければならないのであれば、机を対面式に並べ直してから実施しましょう。

特別教室の安全なレイアウト

　図工・技術・家庭科学習の安全を高めるためには、それぞれの特別教室のレ

50

イアウトにも注意を払わなければなりません。

　第一に必要なことは、十分に安全な間隔を取って作業・実習机がレイアウトされていることです。

　図工の学習では、机上だけでなく床面を使うこともありますので、机は床に固定しない可動式のほうが良いと思います。

　また、特別教室には工具や調理用具を安全かつ取り出しやすく整理するための戸棚、棚、保管庫が設置されていなければなりません。ドリル盤や糸鋸のような工作機械等の設置は、動作空間と危険防止の防護柵等の設置空間を考慮してレイアウトしなければなりません。

　電気・ガス・水道の設備についても、安全が確保され、ストレスを与えないように、ゆったりとしたレイアウトで、十分な数を設けなければなりません。

　揮発性の高い塗料は、化学物質過敏症などのシックハウス症候群に配慮してできるだけ使わないようにすべきです。しかし、水性塗料にも化学物質が含まれているので、アレルギーを悪化させる心配があります。塗料や接着剤を使う際は、換気に注意します。できれば、教室に付属する戸外作業エリアを設けたいものです。

　また、それぞれの特別教室には危険な薬品や刃物などを安全に保管し、教員がゆとりをもって学習準備をするための準備室が必ず設けられなければなりません。準備室の施錠も大切です。

食中毒への注意

　調理実習では、食中毒が心配されます。

　使用する食材の賞味期限・消費期限の確認等は、点検表簿に記録し、確実に冷蔵庫・冷凍庫に保管します。

　鍋などの調理器具は、実習前に水洗いし、点検します。まな板の汚れが食中毒の原因となることも多いので、注意します。包丁・まな板殺菌保管庫は必ず設置します。

第2部　活動場面ごとの事故防止を考える

Q18 学習家具にはどのような安全配慮が求められるのでしょうか

机・いす・収納家具の安全

普通教室の学習机やいすは軽くて堅牢であり、ケガの原因とならないように様々な配慮がなされています。しかしそれでも、時として事故が発生することがあります。

多くの机・いすの脚部はスチールパイプで作られていますが、足掛け部分のパイプは溶接がはずれやすく、はずれた部分が鋸状となって、子どもの足にケガを負わせることがあります。また、はずれたパイプを子どもが振り回して事故が発生した事例があります。

いすの座面は、多くの場合、合板材が用いられていますが、使われているうちに、端の部分がささくれ立ち、子どもの腿に擦り傷を負わせることがあります。

また、成長に合わせて高さが変えられるタイプの机・いすは、入学から卒業まで同じものを使うという教育上の利点がありますが、重くなることと、ボルトや可動部分の金具でケガをする恐れがあることなどに注意が必要です。

教室等に置く教材収納戸棚や書架などは、確実に転倒防止措置を行います。それと同時に、地震の揺れて扉が開いて収納物が散乱しないように、スライドラッチやプッシュラッチなどを用いた飛び出し防止策を考えます。

戸棚類にガラスがはめられているものは、ガラス破損事故防止のために、安全ガラスを用いるべきです。教材機器メーカーが供給する学校用家具の多くは安全ガラスとなっているようです。

学校で家具を特注する場合も、安全ガラスの使用を求めるべきでしょう。

オープンスペースの家具にも注意を

最近は、学習方法の多様化を進めるために、オープンスペースやラーニングセンターを教室に付属する校舎が増えています。そうした学習エリアでは、キャスターのついた机や、セパレーション家具、書架、レターケース、移動黒板などがよく用いられます。

52

これらの中では、特に普通教室部分とオープンスペースを区画するロッカー形式の家具に注意しなければなりません。過去に何度か転倒して死傷事故に発展したケースがあります。特に、キャスター付の家具はできるだけ高さを抑え、ストッパーを付けるなど、普通の家具以上に安全に気をつけなければなりません。

また、オープンスペースは多くの場合、廊下の役目も果たすようになっています。そこで、子どもたちの移動の安全を図るため、オープンスペースに隣接して、オープンスペース用の学習家具や教材を収納するスペースを設けることを検討すべきでしょう。

木製家具はシックハウスに注意

木製の家具は温かみがあり、目にも優しく、子どもがぶつかっても大ケガになりにくいなど、多くの利点があり、学校用家具として優れています。しかし、接着剤や塗装剤にホルムアルデヒドやその他の揮発性有機化合物（ＶＯＣ）を用いることがあるために、シックハウス症候群の原因となりうるという欠点もあります。

こうしたことから、学校保健安全法に基づいて定められている「学校環境衛生基準」はホルムアルデヒド、トルエン、キシレン、パラジクロロベンゼン、エチルベンゼン、スチレンなどのシックハウス原因物質の基準値を定め、年１回の検査を義務づけています（検査値が基準より著しく低い場合は、翌年より省略可能）。また、机・いすなどを大量に導入した場合には、臨時の検査が必要です。

施設管理者はこうした規制にも注意し、製品にＶＯＣが含有されていないかをチェックして整備を進めなければなりません。

第2部　活動場面ごとの事故防止を考える

Q19 動物飼育における安全対策を教えてください

動物飼育に赤信号が

　学校では、生活科や理科の学習のため、また、子どもたちの情操涵養のため、様々な動物を飼育しています。

　小学校生活科の指導要領は「動物を飼ったり植物を育てたりする活動を通して、それらの育つ場所、変化や成長の様子に関心をもって働きかけることができ、それらは生命をもっていることや成長していることに気付くとともに、生き物への親しみをもち、大切にしようとする」ことを学ぶとしています。

　また、小学校の特別活動では飼育委員会や動物飼育クラブなどの活動は大変人気があり、どこでも活発に行われています。

　しかし、最近は学校での動物飼育に赤信号が点りそうな状況となっています。近隣から動物の鳴き声がうるさいと言われたり、保護者からアレルギーや飼育小屋の不潔さを問題とする声が上がったり、飼育動物の病気治療の不十分さがマスコミで取り上げられたりと、様々な方面から多様な批判がなされるようになりました。

　さらに追い打ちをかけたのが鳥インフルエンザで、これにより学校でニワトリ等を飼育することは極めて難しい事態となりました。鳥インフルエンザ対策については、Q20で詳記しますので、ここではそれ以外の配慮事項を考えます。

飼育環境の改善を

　学校における動物の飼育環境が劣悪な状態であることは以前から指摘されてきたところです。まずは、子どもたちの情操を育て、生命を大切にすることを学ぶ環境としてふさわしい飼育小屋を整備しなければなりません。

　こうしたことから、文部科学省から研究を委嘱された日本初等理科教育研究会は、2003（平15）年、「学校における望ましい動物飼育のあり方」を発表しました。

　そこでは、飼育小屋は、子どもたちが絶えず関わり合い、観察しやすく、日

54

Q19 動物飼育における安全対策を教えてください

当たりや風通しが適当な場所を選ぶことを求めています。

　また、多くの動物を狭い飼育小屋に押し込めることは飼育動物につらい環境であるばかりでなく、それを見る子どもたちの心にも悪い影響を与え、そのような状況を放置する大人たちへの不信感も助長させると注意を喚起しています。そのほか、飼育小屋に隣接して動物たちの運動場を作ること、飼育動物を狙う外敵を防ぐ手だてを確実にすること、床は防水コンクリートとし、一部は盛り土を置き、１カ月に一度は取り換えること、床面は排水のため南方向に傾斜をつけ、排水溝を設けること、小動物は特に夏の暑さや冬の寒さの対策を立てることなどを提案しています。

　飼育小屋の構造が不十分であると、配水管をつたってネズミなどが侵入します。同様に野鳥も配水管や金網の隙間から侵入します。野鳥はネズミと同様に様々な病原体を媒介しますので、確実な侵入防御が必要です。

飼育動物と子どもたちの病気を防ぐため

　動物を飼育する際には、たくさんの種類の病気を心配しなければなりません。

　そこで、新たに動物を加える時は、信頼できるところから入手するようにし、２週間ぐらいは隔離飼育して健康を確かめます。

　飼育小屋が破損していたり、管理が不十分であったりして、野鳥やネズミが侵入したり、床の土や砂の清潔が図られていないと、以下のような被害を起こすことがあります。

＜ネズミが原因となる病気＞

　スピルリム鼠咬症（ネズミに咬まれて感染する）、ワイル病（ネズミの尿に汚染された水に接触感染）、ライム病（ネズミに寄生するダニから感染）、ツツガムシ病（ネズミによる媒介性感染、適切な化学療法を施さないと死に至ることも）

＜その他の病気＞

　トキソプラズマ症（ネコの糞便が原因で感染）

　ネコの糞便が原因となって発症するトキソプラズマ症などを防ぐためには、砂場の清潔にも注意を払わなければなりません。普段、使わない時はネットやシートをかぶせるなどの対策が求められます。

　飼育当番や観察する子どもたちの感染を防ぐためには、動物を触ったあとは

55

必ず手をよく洗うことが大切です。万一、咬まれた場合は、応急に消毒し、医師の診察を受けます。動物の毛などによるアレルギーにも注意します。

動物が病気になった時

　飼育動物が病気になった時に、どれだけのケアができるかも重要です。

　病気の動物に満足な治療が施されない実態を見せられる子どもの心の痛みも考えなければなりません。

　治療費を公費で保障する自治体もありますが、まだ少数で、多くはPTAの経費や教職員のポケットマネーに頼っているのが現実のようです。

　そうした中で、教育委員会が地域の獣医師会の協力を得て、学校で飼育する動物の治療を総合的に委託している事例も見受けられます。こうした取組が全国的に拡がることを期待します。

飼育法の伝達講習も必要

　最近、団塊の世代の大量退職によって、飼育・栽培のベテランの教員が減り、若手の教員が動物飼育や植物栽培に四苦八苦している姿をよく見ます。

　子どもたちが、生き物を責任をもって育てるためには様々な知識を蓄積し、命を預かっているという自覚のもとに活動しなければなりません。そのためには指導教員に対し、適確な実地講習がなされなければなりません。専門家を招いて、教育委員会が主催する飼育栽培講習会が望まれるところです。

　休日や長期休業中のえさやり当番もなかなか難しい問題です。最近進められるようになってきた「地域学校協働活動」などを通じて、地域の人々に学校の飼育活動に参加してもらう取組も考えるべきでしょう。

Q20 鳥インフルエンザ対策の立て方を教えてください

正しい情報をもとに予防対策を

　高病原性鳥インフルエンザは、わが国においても2004（平16）年から野鳥や家禽の感染が確認されるようになり、2010（平22）年頃からは動物園で飼育されている鳥にも感染が見られるようになりました。

　そこで文部科学省は、2004（平16）年2月、「学校における高病原性鳥インフルエンザ対策についての留意事項」を発表し、以下のような点に注意するよう求めました。

1　正しい情報の収集と提供
（1）高病原性鳥インフルエンザに関する正確な情報を教職員に提供することなどにより、教職員が正しい認識をもつとともに、その対応について共通理解を深めるように努力すること。
（2）児童生徒に対し、高病原性鳥インフルエンザに関する最新の情報や正確な知識をもとに、発達段階に応じた指導を行うこと。
（3）学校医や家畜保健衛生所、保健所、地方獣医師会等との連携を十分にしつつ、地域における状況も含め、高病原性鳥インフルエンザに関する正確な情報を収集するとともに、必要に応じ、児童生徒や保護者に対する情報提供や相談に努めること。

2　予防対策の徹底
（1）国内で高病原性鳥インフルエンザが発生したからといって、学校で飼育しているトリが直ちに危険になるということはありませんが、トリに限らず、動物を飼う場合には、動物に触った後は手洗いやうがいを行うこと、糞尿は速やかに処理して動物の周りを清潔にすることなどを心掛けること。また、動物の健康状態の観察に努め、元気がなくなるなどの異常があった場合には獣医師や家畜保健衛生所、保健所に相談する体制を整えておくこと。
（2）児童生徒に対し、日頃から、うがい、手洗いなど一般的な感染予防対策を徹底させること。また、保護者との連絡体制を密にし、児童生徒が身体に

第2部　活動場面ごとの事故防止を考える

不調を訴える場合には、早期に医療機関で受診させること。

普段からマスク、手袋を

万一、飼育中のニワトリなどが連続的に死ぬなどの異常事態があった時は、埋却などの処分をすることなく、教育委員会に報告して指示を仰がなければなりません。そして、その指示によって、学校が獣医師や家畜保健衛生所等に相談することとなった場合には、その検査や蔓延防止措置に協力しなければなりません。

これについて、文部科学省は2004（平16）年2月、「学校で飼育されている鳥が死亡した場合の取扱について」を発表し、連続して鳥が死亡した場合は、最終的に家畜保健衛生所に判断を求め、それに従うことを求めています。

また、保護者の心配が高い点などを配慮すると、ニワトリなどの飼育では、子どもたちに使い捨てのビニール手袋をはめさせ、同じく使い捨てのマスクを着用させることが望ましいと思います。

定期的に消毒を

飼育小屋の消毒を行う場合は、学校薬剤師と相談の上、子どもたちが立ち入らない状態で行います。

飼育小屋周囲の消毒は、土壌改良用の消石灰（水酸化カルシウム）を使用します。飼育小屋周囲2～3mの範囲に、土の表面が白く覆われる程度（500g/㎡）の量を散布します。

散布する際は、吸い込んだり、目、皮膚及び衣類に触れないように、マスク・ゴーグル・ゴム手袋等で防護し、風上から散布します。

飼育小屋内の消毒には、逆性石けん液を希釈して用います。

飼育鳥類の糞等を処理している場所の消毒には、飼育小屋周囲と同様、消石灰を用います。

鳥インフルエンザが流行している国・地域へ旅行して、帰国した子どもには、帰国後1週間程度は係りの活動を行わせません。

Q21 休み時間や清掃活動中の事故防止の留意点を教えてください

Q21 UESTION 休み時間や清掃活動中の事故防止の留意点を教えてください

休み時間に事故は多い

　日本スポーツ振興センターの2016（平28）年度調査では、小学校で発生した負傷・疾病事故の47.85％が休憩時間中に起こっており、中学校でも12％は休憩時間中の事故となっています。教職員の目が届きにくい休憩時間の事故防止対策は学校にとって大きな課題となっています。

　遊び時間の事故原因は小学校では、追いかけっこや鬼ごっこ、遊具や体育施設での遊び、子ども同士の衝突、ふざけ合い、ボール遊びなどが多く、中学校では子ども同士のふざけ合いやプロレスごっこ、追いかけっこや鬼ごっこ、けんか・暴力などとなっています。

　これらの原因から推測されるのは、走ることによる事故がかなりの割合を占めているということです。

　そのため、どこの学校でも「廊下は走らない」が標語となっていますが、子どもは本質的に走るものであり、それを一般的な指導だけで抑制することは極めて困難です。子どもは走るものと観念して施設のあり方を考えることも大切だと思います。

　また、子どもたちが十分に走ることができる環境を用意することも考えなければならないでしょう。

体育館での事故に注意

　都市部などの校庭が狭い学校では、体育館も休み時間の遊び場所として利用することが多いようです。

　体育館にはボールや跳び箱などの運動用具がたくさんありますので、それで遊んでいてケガをしたという事故がよく発生します。体育館の器具庫に入り込んでの事故もよく起こります。

　校庭には職員室などからの視線も利きますが、体育館は職員の視線が届きづらく、不安な場所です。体育館には校庭以上の職員見守り体制を確実に敷く必要があります。

第２部　活動場面ごとの事故防止を考える

居場所づくりも事故防止につながる

　子どもが廊下で遊ぶのは、休み時間を簡単・有意義に過ごす場所が少ないことも原因しています。晴れたら校庭で遊びなさい、雨が降ったら教室で静かにしなさいでは子どもたちも可哀想です。

　子どもたちの語らいの場としてラウンジやベンチコーナーを設けたり、休み時間も図書室で本が読めるようにするなど、居場所づくりの様々な工夫を考えることが大切だと思います。

　同様の観点から、屋外の遊戯施設も充実すべきです。子どもたちは、ただでさえテレビゲームなどひとりぼっちで屋内で過ごすことが多くなっています。学校はできる限り遊具や体育器具を設置し、屋外空間での遊びの環境を提供することによって、子どもたちに屋外で遊ぶ習慣を身につけさせるべきだと思います。

　具体的には、広い運動場に、砂場、鉄棒やジャングルジム、はんとう棒、うんていなどの運動遊具を配置します。小学校では鬼ごっこやかくれんぼのできる樹木の空間など、学校の設置条件に合わせて、できるだけの配慮をしたいものです。

　校庭や遊具に起因する事故防止については、Ｑ６及びＱ12を参照してください。

清掃時間にも事故が多発

　授業時間以外の事故としては、清掃時間中の事故が多いことにも注意しなければなりません。

　過去にあった掃除中の重大事故では、テレビ台の下まできれいにしようとかがみ込んでいたらテレビ台が倒れて下敷きとなった事故や、窓ガラスを一生懸命に拭いていて、２階から転落した事故などが記録されています。子どもたちが頑張っていての事故だけに非常に痛ましいものです。

　子どもたちの清掃分担は、自分の教室やホームベースだけでなく、校内のいくつかの場所が割り当てられているのが普通で、担任教師の目が届きにくいのが実態です。清掃時間は全校職員が協力して注意をする態勢を取るとともに、目が届かなくても、事故が起きないような配慮が必要です。

　清掃活動中に発生した事故としては、前記のほかに、プール清掃中に濡れた床で転び重傷を負ったもの、同じくプール清掃中に排水中の排水枡の蓋を直そ

うとして吸い込まれたもの、破損して金具が飛び出していた清掃用具で指を負傷したもの、清掃用具を振り回していて近くにいた子どもを負傷させたものなども報告されています。

　清掃用具が破損していたり、摩耗が著しい状態であれば、子どもたちの勤労意欲をそぐことにもなります。施設管理者は不断の整備が求められます。

放課後の校庭事故にも注意を

　また、近年は、小学校の子どもを下校時間後も学校の校庭等で自由に遊ばせる「放課後校内児童預かり」という施策を進める自治体が多くなっています。これは従来の学童保育とは別に、家庭で保護者が子どもの面倒を見られない時などに、自由に申し込んで子どもを学校に預かってもらう仕組みです。

　また、学童保育が満員で、待機している児童がやむを得ず参加する事例も多いようです。

　自治体側は日ごとに参加する児童数を推測して、「指導員」を配置する方式が多いようですが、このような施策で問題なのは、必ずしも十分な指導員を配置できず、広い校庭や体育館で子どもが事故を起こす可能性がかなり高いことです。

　保護者は、学校で預かってもらえば安心ということから、また、学童保育待機中という事情から気軽にこの制度を利用することが多く、今後もこうした施策は推進され、増加しそうです。その中で、普段の学校生活ではあまり想定できない転落事故なども発生しており、その際の施設安全配慮が不完全ということで、自治体の施設管理担当者が「業務上過失傷害」で書類送検された事例もあります。

　こうした施策を実行する自治体にあっては、校舎の安全管理に特別な配慮をし、危険の除去に努めなければなりません。万一の事故の際の保障についてもあらかじめ考えておかなければなりません。

第2部　活動場面ごとの事故防止を考える

Q22 UESTION　安全に配慮した校庭緑化の進め方を教えてください

居場所ともなる植栽環境を

　校庭の樹林や芝生広場は、子どもたちの心を安らげる居場所として、自然を学び感じる学習の場として、あるいはまた木登りやかくれんぼなどの遊びの場所として貴重な存在です。

　しかし、校地は主に校舎と運動場に使われてしまい、緑化部分は極めて貧弱なのが現実です。その上、緑化部分のほとんどは学習で使う花壇や畑などに向けられ、憩いの場として、あるいは遊びの場としてはあまり配慮されないのが通例です。

　そうした狭い緑地を最大限に利用するためには、様々な安全配慮が求められますが、ここでは主に校庭に植えられる樹木の安全について解説します。

植樹で注意すること

　木登りのできる樹林は子どもの冒険心に応え、危険回避に必要な運動能力を育むのに望ましい環境であり、本来的には整備したいものですが、ハザード除去の観点から、慎重に判断し、もし、木登りを可とするのであれば、樹木の選定などに慎重な配慮が必要です。

　基本的には、丈夫な高木が複数、適度な間隔で平面的に植えられるのが理想的です。十分に根がはっていることや、老木や若木の場合は特に耐力にも注意しなければなりません。

　また、樹木には、もともと折れやすい木がありますので、選定に注意しなければなりません。以下のような木が要注意です。

大きな枝が折れやすい木

　　カキ・クス・シイ・アラカシ・シラカシ・ユーカリ・マツ・タイサンボク・マテバシイ・トウネズミモチ・ニッケイ

幹が折れやすい木

　　サワラ・ヒノキ・ユーカリ

　また、木にはとげがあってケガをしやすいもの、かぶれやすいものなどがあ

62

りします。以下の樹木は木登りだけでなく、観察などで手に取ったり、近寄る時にも注意しなければなりません。

とげなどでケガしやすい木

ピラカンサ・ザクロ・バラ・サイカチ・サンショ・ウコギ・ニセアカシア・ボケ・ヒイラギの葉・針葉樹の葉

かぶれやすい木

イチジク・ウルシ・ハゼ・ツタウルシ・イチョウの種

木にも安全チェックが必要

樹木も年を取れば腐朽が進み、中空となったりして、木登りはもちろん、強風で倒れて被害を受ける恐れも出てきますので、注意が必要です。正確な検査は樹木医などの専門家にお願いすることとなりますが、学校でも以下のようなチェックである程度の腐朽度は判別することができます。

・腐朽した枝の確認（落枝等で）

・揺すってみて支持力をチェックする

・キノコは生えていないかチェックする

・幹が傾いていないか（根の支持力の確認）

・軽く叩いて音を聞く（空洞化・腐朽度のチェック）

剪定と消毒の注意

樹木は剪定がまずいとそこから腐朽することもあります。植木屋さんに定期的な剪定を依頼すべきですが、経費面等から学校職員が実施するのであれば、手入れ方法を学び、ある程度の知識を得てから実施するようにしなければなりません。しかし、危険な高木の剪定を学校職員にさせることは許されません。

学校にはサクラや実のなる木など、害虫が付きやすい樹木が多く植えられます。消毒も植木屋さんなどに依頼し、休業中などの子どもが在校しない時を選んで実施します。

第２部　活動場面ごとの事故防止を考える

Q23 QUESTION 課外活動中の事故防止の留意点を教えてください

運動場の無理な配分が原因となることも

　日本スポーツ振興センターの2016（平28）年度調査では、学校管理下における子どもたちの負傷・疾病は、中学生の51.8％、高校生の60％が課外活動において発生したものであり、その多くは体育的部活動であるとのことです。

　課外活動は、学校における教育活動の一環ではあるものの、「主に放課後などにおいて自発的・自主的に活動するもの」（学習指導要領）であり、教職員の指導が行き届きづらいこともあり、事故の発生が特に心配される場面です。

　体育的部活動の事故では、狭い運動場で複数のスポーツ活動が行われることから、素振りをしていたバットの直撃を受けた、予想外の方向から飛んできたボールに当たった、あるいは校庭わきの花壇に足をぶつけたなど、活動場所の無理な配分が原因とみられる事故が多く見られます。

　また、指導者の目が届きづらいことから、悪ふざけやけんかが原因となった事故もよく発生します。体育器具の運搬、設置、あるいは収納時の事故も目立ちます。

　こうしたことから、まず第一に求められるのは、活動場所の配分や指導者の配置などに無理のないよう心掛けることでしょう。

　その上で、活動に用いる体育器具については、器具そのものだけではなく、保管場所や設置場所も含めて、普段からの安全点検を確実に行うとともに、子どもたちに取り出し、運搬、設置、収納の場面ごとに安全指導を徹底しなければなりません。

熱中症等の注意

　日本スポーツ振興センターによれば、1990（平2）年から2012（平24）年までの23年間に体育活動中の熱中症で死亡した事故は74件に上り、そのうち、69件が体育系の課外活動中の事故であったとのことです。

　熱中症の要因としては、気温、湿度、日射、風、急激な温度上昇などの環境要因のほか、運動の強度や継続時間、水分・塩分の補給、休憩の取り方などの

64

運動の要因、そして、体調・体格、暑さへの慣れ、疲労の状態、衣服の状態などの本人の状況の３つにまとめることができます。

指導者はこれらの要因に配慮し、事故の危険性を予見し、熱中症の危険から子どもたちを守る注意義務があります。

熱中症の危険度を測定する機器としては、ＷＢＧＴ熱中症指標計があります。ＷＢＧＴとは、人間の熱バランスに影響の大きい気温、湿度、輻射熱の３つを取り入れた温度の指標です。輻射熱とは、地面や建物・体から出る熱のことを言います。

熱中症予防の指針としては、2017（平29）年５月、文部科学省が「熱中症事故の防止について」を通知しています。

また、参考資料としては、日本スポーツ振興センターが「熱中症を予防しよう」というリーフレットを発行しています。

日本体育協会は、気温35℃以上では、運動は「原則中止」、31℃以上では「厳重注意・激しい運動は中止」とする指針を発表しています（熱中症予防のための運動指針）。

これらの資料を参考として、指導者研修を進めましょう。

突然死の予防とＡＥＤ設置

子どもたちのスポーツ活動中の突然死も時々発生しています。突然死を予防するためには、準備運動を十分行うこと、運動開始前、運動中、運動後の健康状態の変化を見ること、必要に応じて校医の診断を受けたり、救急車を依頼するなどの迅速な対応をします。

また、ＡＥＤを必ず設置します。そして、定期的かつ頻繁にすべての学校職員を対象とした使用訓練を実施し、必要な場合、直ちに、ためらうことなく使用できる体制を確立しなければなりません。

第２部　活動場面ごとの事故防止を考える

Q24 学校給食の安全配慮事項を教えてください

アレルギーへの対応

　学校給食は、学校給食法と学習指導要領が学校教育の一環として位置づけている大切な教育活動です。そして、子どもは給食を食べる以外の選択肢をもたず、献立も決められませんので、教育委員会と学校は給食の実施に高い安全配慮義務を負います。中でも、アレルギーについては最大限に注意し、様々な配慮をしなければなりません。

　文部科学省は2012（平24）年、東京都調布市でアナフィラキシーショックによる児童の死亡事故が発生したことをうけ、「今後の給食における食物アレルギー対応について」を発表し、配慮事項を通知しました。その概要は以下のようなものです。

①学校での管理を求めるアレルギーの児童生徒に対しては、日本学校保健会が2007（平19）年に発表した「学校のアレルギー疾患に対する取り組みガイドライン」に基づき、学校生活管理指導表を作成して、校内の施設整備や人員配置を整えるなど、具体的なアレルギー対応への一定の方針を定めます。アレルギー疾患は成長とともに症状が変化しやすい疾患ですので、学校生活管理指導表は毎年更新します。

②校内のアレルギー対応に当たっては校内委員会を設けて、児童生徒ごとの個別対応プランの作成、症状の重い児童生徒に対する支援の重点化などの取組を図ります。

③給食提供においては、献立作成から配膳までの各段階において、複数の目によるチェック機能の強化、食物アレルギー対応を踏まえた献立内容の工夫、食材の原材料表示、誰が見てもわかりやすい献立表の作成などの実施に努めます。

④緊急時対応のためのマニュアルを整備します。

⑤緊急時対応に備えた校内研修を充実し、エピペンの取り扱い研修や、実践的な訓練などに取り組みます。

⑥保護者に対しては、入学前に、学校における適切なアレルギー対応ができる
　よう、学校や調理場の現状を保護者に理解してもらうとともに、食物アレル
　ギー対応に関して、保護者から十分な情報を提供してもらいます。
⑦食物アレルギーの児童生徒の保護者に対しては、専門の医療機関に関する情
　報や、アレルギー対応に関する資料を紹介するなど、必要に応じてケアを行
　います。また、児童生徒には、発達段階を踏まえた上で、食物アレルギーに
　関する指導に取り組みます。

食中毒の防止

　文部科学省は、食中毒や給食機材による事故を防ぐため、「学校給食衛生管
理基準」を定め、これに従った衛生管理の徹底を求めています。この基準は調
理等の委託を行う場合にも守らなければならないことになっています。

　基準では、調理施設を汚染作業区域と、非汚染作業区域及びその他の区域等
に区分するとともに前室を設けること、ドライシステムの導入に努めること、
給食従事者専用便所に調理衣着脱場所を設けるなどの改善を図ることを求めて
います。

　また、食品の検収・保管・調理過程の衛生管理、給食従事者の健康管理、食
中毒発生時の対応のあり方も定めています。

　学校はこうした基準に基づき、衛生管理に努めなければなりません。

　病原性大腸菌Ｏ－157による食中毒では、1996（平8）年度に5名の児童が
死亡するという痛ましい事故が発生しています。また、近年はノロウイルスに
よる中毒が多発していますが、給食従事者からの感染が原因となることが多い
ようです。教育委員会と学校は連携して感染防止の徹底を図らなければなりま
せん。

第2部　活動場面ごとの事故防止を考える

Q25 運動会などの行事における事故防止の留意点を教えてください

運動会は事故が多い行事

　運動会は競い合う種目が中心の体育的行事であることや、保護者や地域の人々が参加する場面もある、地域を巻き込んだ行事であることなどから、様々な事故が発生します。

　競技種目では、騎馬戦や棒倒しに事故が多発しています。そのため騎馬戦では、騎馬を倒すのではなく、相手の帽子や鉢巻を取り合う競技に変える学校が増えました。また、組み合う場合には、お互いの顔と頭部が接触しないよう、右肩同士でぶつかる約束をする学校や、一斉の競い合いは行わず、騎馬2騎ずつが順番に向き合って対抗戦をする学校もあります。騎馬を走らせないで、歩いて相手に向かわせる学校もあります。

　棒倒しも棒を倒すのではなく、棒の上にある旗を先に取ったほうが勝ちとする学校もあります。

　騎馬戦や棒倒しそのものを競技からはずす決断をした学校も見られますが、上記のような対策を立てたり、騎馬や棒の近くで教職員が補助する体制を取るなど、様々な対応を検討してから、競技を廃止するかどうかを検討すべきでしょう。

　このほか、ムカデ競争では、倒れた際に大きな力がかかって捻挫するなどの事故がよく発生します。競技するグループの人数を少なくすること、足の動きが乱れた際に、固定がはずれやすい用具を使用するなどの対策を取ります。

　大玉送りでは、小学校低学年の子どもが、大玉に巻き込まれる事故がよく発生していることに留意し、指導の徹底と、教職員による競技中の補助が求められます。

　綱引きでも、突然綱が切れて、参加していた児童が重なり合って倒れ、大ケガをしたという事故も発生しています。

　運動会で使用する競技用具は、通常の体育授業などで使われることはなく、1年間、体育倉庫で眠ったままとなり、運動会の直前に持ち出されるものが多いようです。その間の管理環境が悪ければ、綱引きの綱が湿気を吸って劣化し

たことに気づかないということになります。競技用具の保管環境に気をつけるとともに、使用前には確実な点検をしなければなりません。

組体操では重大事故が多発

　日本スポーツ振興センターの災害共済給付データによれば、2011（平23）年度から2014（平26）年度の4年間、組体操の事故では、毎年8,000件を超える医療費等の給付が行われているとのことです。

　給付件数の学校種別では、小学校が断然多く、2014年度には、小学校対象の事故で約6,300件の給付がなされました。それは組体操全体の給付件数の73%を占めるものであったとのことです。負傷部位は、足・足指部、頭部、手関節、腰部、頸部と多様です。

　小学校児童への全運動種目の給付件数で見ると、組体操は、跳箱、バスケットボール、サッカー・フットサルに続いて4番目に多いとのことです。通常の学習ではなく、運動会の競技種目という、極めて限られた学習での事故ということを考えると、恐るべき発生頻度です。

組体操による事故防止のポイント

　こうした状況から、組体操の事故は、マスコミ報道でも頻繁に取り上げられるようになり、2016（平28）年3月、スポーツ庁は、「組体操等による事故の防止について」を通知して、おおよそ以下のような、事故防止の配慮を求めました。

①組体操を実施する狙いを明確にし、全職員で共通理解を図ること。
②練習中の習熟度を正確に把握し、指導計画を適切に見直すこと。練習中に事故が発生した場合は、原因を究明し、活動内容の見直しを図ること。
③大きな事故につながる可能性のある技は、安全にできる状況であるかをしっかりと把握し、できないと判断される場合は実施を見合わせること。
④小学校高学年の児童は、成長の途中で、体格差が大きいことから、子どもたちの状況を踏まえ、危険度の高い技については特に慎重に選択すること。
⑤教育委員会は、段数の低いタワーやピラミッドでも死亡や障害の残る事故が発生していることなど、事故の発生状況を現場で指導する教員に周知、徹底すること。

第２部　活動場面ごとの事故防止を考える

　これを受けてかなりの自治体が、組体操そのものの中止、または、タワーやピラミッドなどの技の禁止を打ち出しました。そのほかには、タワーは３段まで、ピラミッドは４段または５段までと、技の内容を規制する自治体も増加しました。

　こうしたことから、組体操事故による給付件数は、2016（平28）年度以降大幅に減少しました（2016年度は前年比35％減）。

　今後も、運動会で組体操を実施するなら、教育活動としての意義を明確にし、慎重に安全対策を施した上で、計画を立てなければなりません。

テントが飛ばされる事故も

　運動会は初秋または初夏に実施する学校が多いと思います。温暖化の影響で熱中症の危険が増加しました。

　熱中症への対策そのものは、Ｑ23に詳記しましたが、参観者の多い運動会では、特別な配慮もしなければなりません。

　そこで多くの学校では、参観者にはテントを用意します。児童生徒にはテントを用意する学校はまだ少ないようですが、温暖化の進行状況を考えると、児童生徒にもテントを用意すべき時代がやってきたように思います。

　テントは、地面に固定されていないことや、屋根部分に風を受けやすいことから、風で飛ばされる事故がしばしば発生します。

　これを防ぐには、地面に長い杭やペグを打ち込んで支柱と結ぶことが第一に求められます。支柱に重りを結ぶ方法もありますが、その効果は限定的なものと思わなければなりません。

　また、強風時には直ちにテントを畳めるよう、あらかじめ教職員・保護者の作業分担を決めておきます。

　テントでは、設営時、撤収時にも事故が多く発生しています。作業は教職員・保護者で行い、児童生徒は原則として関わらせません。

　風の影響では、入退場門や得点板等の仮設設備の転倒事故も発生しています。地面に固定することや、風の影響を受けづらい形態にすることなどの配慮を行います。

　体育的行事ではマラソン大会も重大事故が発生しやすい行事です。子どもたちの健康チェックを確実に行うことや、いざという時の医療機関への連絡体制を整えること、すべての職員がＡＥＤを直ちに使用できる体制を整えることな

どの準備を万全に進めます。

保護者がケガをした時は

　運動会の準備、後片付けは大変な作業ですので、教職員だけでなく、子どもたちや保護者に手伝ってもらう場面が必ずあります。このような時に事故が起こった場合、子どもたちには国家賠償法に基づく保障や日本スポーツ振興センターの災害給付が受けられますし、教職員には公務災害補償制度に基づく保障が受けられますが、保護者についてはそのような確立した保障制度はありません。これは、運動会の競技等に参加した際のケガなどについても同様です。

　そこで、保護者の運動会競技への参加や準備・後片付けをPTA活動の一環として位置づけ、PTAが加入する団体保障保険（PTA安全会など）からの給付を受ける方式が広く用いられています。

　しかし、この保障の対象となるのは一般に、PTA構成員等のあらかじめ登録された人に限られますので、保護者以外の地域の方々が、その場の判断でお手伝いに参加してくださった場合の事故には対応できない恐れがあります。

学芸会や文化祭での事故

　学芸会や学習発表会などでは、大道具・小道具の製作、展示物の用意などで負傷事故が発生します。過熱した照明器具でやけどを負う事故もたびたび発生します。

　高校の文化祭では、天井の飾りつけをするためにいすに乗って作業をしていた生徒がバランスを崩して転倒し、負傷した事故が発生しています。文化祭終了後の片付けでも事故は起きています。これらの場面での指導も確実に行います。

第2部　活動場面ごとの事故防止を考える

Q26 校外学習での安全配慮を教えてください

校外での事故も多様

　新学習指導要領が求める『主体的・対話的で深い学び』を展開するためには、課題追求型や体験重視型などの多様な学習形態が必要となります。それに伴って、学校を離れ、地域の様々な施設や自然環境などで学習する機会が増え、同時に、学校外での活動に伴う事故も多発するようになってきました。

　学校職員は、校外の学習の場の安全についても、校内と同様に、高い注意力をもって点検し、事故防止に努めなければなりません。

　校外学習活動での事故は、極めて多様なのが特徴で、最近は以下のような事故が発生しています。

①小学校の社会科の校外学習で、道路標識の説明を受けるために、歩道に並んで座っていた子どもたちの列に自動車がつっこみ死傷事故を起こした事例など、交通事故が多いのが特徴です。

②水難事故も多く発生しています。臨海学校での遊泳中の事故、ボート転覆による事故などがあります。

③宿泊行事では、子どもたちに開放感や高揚感が亢進し、普段、考えられない事故が発生します。

　ホテル2階の自分の宿泊する部屋から、ベランダづたいに友人の部屋へ行こうとして転落した事故、宿泊施設の2段ベッドの上段から床に転落した事故などがあります。

④訪問先の施設で発生した事故としては、企業研修でプレス加工の作業中、手の指を機械に挟まれたなど、不慣れな作業や実技研修での事故が目立ちます。

⑤自然環境での学習中の事故としては、樹木にかぶれたり、虫に刺されたりなどの動植物による傷害、木登り中の木から落下、側溝に落ちて負傷などが報告されています。

⑥そのほか、稲刈り作業で鎌を使っていて手の指を負傷、飯盒すいさんやキャンプファイヤーでやけど、炎天下の行事での熱中症など極めて多様に、事故

72

が発生しています。

実地踏査を十分に

何よりも学習予定場所の実地踏査を十分にすることが大切です。

実地踏査ではまず、交通事故の危険箇所、崖や水路等の危険箇所、駅のホームなどの危険箇所等を把握します。

そのほか、経路上の病院や交番等の位置、天候急変時の待避場所と方法、トイレの位置、自由行動を計画する場合の範囲や条件と見守り態勢などをチェックします。宿泊行事では、宿泊施設の危険箇所の把握や、施設内の諸条件チェックなども必要となります。

こうした踏査に基づき、引率者は子どもたちに具体的な危険箇所を示して注意喚起を行うことや、想定できるケガに備えての救急箱の用意をすること、服装など参加に当たっての諸注意をまとめることなどに細心の配慮をはらいます。

また、学校を管理する立場の職員はこうした事前準備が不足することなく進められるよう、バックアップしなければなりません。

落雷事故にも注意を

落雷事故の危険は校外学習中だけでなく、登下校中や屋外での体育学習中、課外活動中にもあります。過去には、校外学習での登山中、校庭での野球の試合中、下校時に通学路で、など多様な状況下で発生しています。

そこで文部科学省は、2016（平28）年7月、「落雷事故の防止について」を通知し、気象情報を確認して、天候が急変した場合には、ためらわず計画を変更・中止することや、落雷に関する科学的知見を高め、被害の防止に努めることなどを求めています。

なお、気象庁ホームページにある、発雷の可能性や激しさを予報する「雷ナウキャスト」を利用することも有効です。

登下校路の安全配慮を教えてください

ルール無視の交通事故が多い

　日本スポーツ振興センターの2016（平28）年度統計によると、小学校で発生した負傷事故給付件数の7.8％は通学中のものであり、同じく中学校では2.9％、高校は4.7％が通学中の事故となっています。これらの事故のほとんどは交通事故であり、重大事故となる可能性が高いので、通学路の安全確保は学校にとって、重要な課題です。

　事故発生の状況は、小学生の場合、歩行中の事故が最も多く、道路への飛び出し、車の直前直後の横断、自転車の一時不停止などが主な原因です。中学生では自転車乗車中の事故が最も多く、自転車のルール無視運転が目立ちます。高校生は自転車乗車中が最多ですが、原動機付き自転車乗車中の事故も目立ちます。マナーやルールを無視した運転が事故につながっています。

通学路を見直す必要も

　こうした事故の状況を考えると、何よりも子どもたちの交通安全意識を高める教育が必要であると痛感させられますが、同時に、通学路の危険箇所を点検し、必要な場合は通学路の見直しも考えなければなりません。

　そのためには、交通量や道路幅員、見通しなどの道路状況や子どもの家庭の分布などを総合的に勘案し、教育委員会や警察などの関係機関と連絡を取り合って、慎重に見直さなければなりません。

　また、通学中の事故を登校時と下校時に分けて見ますと、小学校では下校時のほうが登校時より多いのに対し、中学校では登校時と下校時はほぼ同数であり、高等学校では逆に登校時のほうがやや多いという顕著な対比を見て取ることができます。

　これは小学生にとって下校時は、道草をするなど気分的ゆるみが大きくなり、事故が発生しやすいのに対し、中→高と上がるにつれて、登校時に急ぐ傾向が高くなり、交通事故を起こしやすくなるからではないかと推察されます。こうしたことも、登下校時の指導や通学路の点検に参考になるものと思います。

地域の協力・安全マップ

　子どもが犯罪に巻き込まれる可能性は、学校生活中よりも登下校時のほうがはるかに高く、通学路の安全確保は重要な課題です。

　この課題を追求するためにまず必要なことは、保護者・地域による主体的な取組であり、防犯パトロールや地域清掃活動などを通じて、住民の安全意識の高さを示すことが必要です。

　また、最近は各地で「地域安全マップ」づくりが活発に行われ始めました。大人だけでなく、子どもたちも含めて、通学路を中心に地域全体を実地にチェックしていく活動は、子どもの防災意識を高める上でも大きな効果が期待できるものです。

　教職員は、通学路やその付近で行われている工事や道路事情も常に把握するように努めなければなりません。また、下校中の児童が増水した側溝に落ちて溺死する事故も発生していますので、水害などの災害が発生しやすい気象状況の把握にも努めなければなりません。

　校舎外周部のブロック塀の危険性と点検のチェックポイントについてはＱ32に詳記しましたが、通学路のブロック塀や石塀等についてもチェックし、危険箇所の情報を教育委員会や保護者・地域と共有し、対策を講じなければなりません。

第2部　活動場面ごとの事故防止を考える

Q28 安全教育はどのように 進められるべきでしょうか

安全教育は様々な場面で

　子どもの安全を守り、学校事故を防止するためには、施設設備の管理・運営と、子どもたちへの安全教育・安全指導の両面からの施策が推進されなければなりません。

　本書は、管理・運営面からの安全配慮に重点を置いて記述していますが、学校における安全教育を推進するに当たっても、そのための教材や設備の整備が必要となります。そうした観点から、ここでは学校における安全教育がどのように推進されるべきなのかを、おおまかに紹介します。

　学校における安全教育は、①自らの安全を確保するために、危険を予測し、回避する能力を身につけること、②他者や社会の安全に貢献できる資質や能力を身につけること、の2つの目的をもって実施されます。

　具体的には、学校生活だけでなく日常起こりうる事故や事件、交通事故、自然災害や火災など様々な事態の原因を探り、それを防止し、安全を確保する方法を学ぶことが基本となります。

　学習の仕組みは多様であり、保健・体育や総合的な学習の時間、社会科等の教科における学習と、遠足などの学校行事を実施する時や部活動などの特別活動、あるいはホームルームなど、学校での日常生活における個別の指導とに大別できます。

　また、月ごとに定期的に実施される避難訓練の場も、安全教育の大切な機会です。様々な災害の状況を想定し、総合的・系統的な実施計画を立案します。

　地域で実施される防災訓練や避難所設営訓練などに子どもたちの参加を促すことも安全教育に役立ちます。

学習方法も多様

　安全教育は上記のように様々な場面で行われるべきものですが、最近は、事故の場面を設定して、疑似体験活動を学習したり、地域の交通事情や通学路の危険などを実地に学び、地域安全マップを作成するなどの積極的な学習活動が

76

各地で進められるようになりました。こうした学習活動が常時展開できるように、必要な教材が整備されなければなりません。

　また、子どもたちの危険回避能力を育成するためには、ジャングルジムやうんていなど、発達段階に応じた遊具や体育器具が整備されなければなりません。

　そのほか、早寝早起きなどの生活習慣の確立、情緒の安定、忍耐力・持久力の育成なども子どもの事故防止にとって重要であり、学習課題として取り上げられるべきでしょう。

　小学校と中学校における安全教育の課題として取り上げられるべき項目を以下に例示します。

小学校での指導課題

　○安全のためのきまりを守ることの大切さを学ぶ。
　○身の周りの危険に気づくことの大切さを学ぶ。
　○事故の原因となる危険なことがらを理解し、それを避けることを学ぶ。
　○危険を予知・予測し、進んで安全な行動を取ることを学ぶ。
　○友だちや周りの人々の安全にも配慮できるようにする。
　○事故や災害が起きた時の行動や簡単な応急手当の仕方を学ぶ。

中学校での指導課題

　○交通事故や自然災害の具体的原因やその背景を学ぶ。
　○事故や災害を防止する方法や社会的努力の実態を学ぶ。
　○体育や理科等事故の発生しやすい教科での事故防止の技術・技能を学ぶ。
　○安全に関するテーマを学習課題として取り上げ、追求する。
　○生命尊重や安全な社会生活を営むための規範のあり方を学ぶ。

第3部
災害への備え

第3部　災害への備え

Q29 地震や風水害などの災害に対し、学校はどのような備えをしなければならないでしょうか

学校は高い安全確保義務を負っている

　学校は多くの子どもたちが集団で学び、生活する場として、一般の公共施設と比べて、より高い安全確保義務を負っています。

　そのことを規定しているのは学校保健安全法です。第27条は学校が安全点検や安全指導を含めた安全に関する総合的な計画をつくり、実施することを、また、第28条は、学校の施設・設備に安全上問題があると認めた場合には自ら改善を図るか、学校設置者に改善を求めることを義務づけています。

　こうしたことから、自治体は学校と連携しつつ、安全・防災点検を進め、建築基準法やバリアフリーに関する法律などの法規制に従うとともに、文部科学大臣の定める施設整備指針などの基準に従った施設整備をしなければなりません。その具体的内容は、Q13やQ41などに解説しています。

　それとともに学校は、より細部にわたる防災上の安全配慮を図らなければなりません。それは、避難路となる廊下や階段、昇降口等の安全配慮や、非構造部材の安全確保、ブロック塀等の校舎外周や通学路の安全確保など、多岐にわたります。その詳細はQ30～36に解説しています。

危険等発生時対処要領（危機管理マニュアル）

　また、学校保健安全法第29条は、学校が「危険等発生時対処要領」を作成し、危機に対処する体制を確立することを求めています。

　これは、防災だけでなく、学校事故防止や防犯など、学校が想定すべき様々な危機の発生に対処するマニュアルですが、このうち防災に関するマニュアルの策定については、文部科学省が、「学校防災マニュアル（地震・津波災害）作成の手引き」を公表しています。

　それによれば、学校防災マニュアルは、①災害発生時の教職員等の役割を明確にして防災体制を確立すること、②地域・家庭・関係機関に学校の防災体制を周知し、地域全体で防災体制を整備することを目的として策定するものとしています。

80

そしてマニュアル策定にはまず、「学校が立地している自然環境について、総合的に把握することが第一です」とし、その際には、「自治体が作成しているハザードマップや地域の歴史、研究機関（大学等）の助言等、多角的な情報から判断することが大切です」としています。

実際に、東日本大震災で多くの子どもたちや学校職員が亡くなるという悲劇に見舞われた石巻市立大川小学校の場合も、自治体の作成したハザードマップを超えた津波に襲われています。そこで、手引きでは、「津波を想定したハザードマップは過去のデータを元に同規模の津波が来た場合を想定して作られていますが、その災害規模を超えることがあることも考えておかなければなりません」と高い注意義務を求めています。

大川小学校の津波被害を裁いた仙台高裁の判決でも、校長等が学校保健安全法の求める安全確保義務を履行するために必要とされる知識及び経験は、「地域住民が有していた平均的な知識及び経験よりも遥かに高いレベルのものでなければならない」こと、また、校長等はそのような高い知識と経験を収集・蓄積できる職務上の立場にあったとして、原告勝訴の判断を示しています。

こうしたことから、学校は、危険等発生時対処要領の一部として、子どもたちの防災避難計画を立案する際には、様々な災害の規模と状況を想定し、どのような場合に学校にとどまるか、あるいは指定された広域避難場所や高台に避難するか、また、避難に際してどのようなコースを取り、保護者への連絡はどのようにするのかなどの詳細を、自治体の地域防災計画と防災当局や教育委員会の指導に従って、あらかじめ決めておかなければなりません。

また、保護者の引き取りに応じるのか否かなどについても、災害の状況に応じて、その時々の最適な決定が下せるよう、判断基準を要領に定めておくことが求められます。

東日本大震災が東京に残した教訓

東日本大震災は震源から遠く離れた東京のような都市部にも多くの教訓を残しました。

震災発生時間はちょうど子どもたちの下校時間と重なったのですが、交通機関がほとんどストップしていたにもかかわらず、2割以上の小学校は子どもたちを一斉に下校させてしまったと報道されました。

共働きが多い東京において、このことはかなり危険なことでした。親が深夜

第3部　災害への備え

まで帰宅できず、子どもだけで余震の続く不安な寒い夜を過ごすという事例も
かなりあったようです。学校は今一度、危機管理マニュアルを見直し、様々な
場面を想定した対処方法を定めるとともに、日頃から対処訓練を重ね、いかな
る事態にあっても子どもたちの命は守るという高い使命感をもって職責を果た
さなければなりません。

　今後は、多くの子どもたちが学校に残留することも想定し、それに対応した
災害備蓄物品の再検討、保護者への連絡体制、学校職員や地域の人々の役割再
検討なども急いで進めなければならないでしょう。

　また震災の当日、東京の多くの学校では地震動によって都市ガスが自動停止
しましたが、ガスメーターの復旧ボタンを押せばすぐに供給されることがわか
らず、かなり長い間、寒さに震えた学校もあったようです。

　普段の施設管理や安全点検が、子どもたちの学びと生活の場を守るという観
点から、真剣に行われていたかが問われる場面でもあります。

地域の防災拠点としての環境整備を

　学校は地域防災の拠点としても十分な機能を果たせるよう、施設や設備を整
備するとともに、避難生活に必要な物品が備蓄されていなければなりません。
これまで、自然災害で学校が避難所となった経験からは、様々な教訓が導き出
されています。

　阪神・淡路大震災では、夜間の震災で学校に避難してきたが施錠されていた
ので、窓ガラスを破って入ったという報告もあります。

　学校に駆けつけるはずの自治体職員がなかなか来られず、学校職員が奮闘せ
ざるを得なかった。情報収集・伝達の手段がなく、災害の状況把握や自治体と
の連絡などに苦労した。学習活動の再開に苦労した。……こうした様々な経験
からは、起こるべきあらゆる事態を想定して計画を立て、普段から自治体職員
と地域の人々、学校職員が一体となった避難所設営訓練を繰り返しておくこと
が大切です。こうしたことは、Q33に詳記します。

　また、多くの学校には給食室や家庭科室に調理施設があり、給食材料の備蓄
もあります。いざという時は給食調理員の活躍も期待できます。このような資
源の利用も避難所設営計画に組み込むべきでしょう。

Q30 校舎の耐震補強はどのように進められているのですか

公立学校に義務づけられた耐震診断

多くの子どもたちが集団で学び、いざという時には地域の防災拠点となる学校が、地震などの自然災害に強く、高機能な防災力をもった施設であることは非常に大切です。

そのため国は2008（平20）年、地震防災対策特別措置法を改正して、公立の幼・小・中学校・義務教育学校については、既存の校舎、屋内運動場、寄宿舎の耐震診断を実施することと、その結果を公表することを各地方公共団体に義務づけました（第6条の2）。

建築基準法は、既存建築物は建てられた時点での基準や規制に適合していれば良いとしていますので、公立学校の既存校舎等に耐震診断を義務づけた規制は特別なものと認識すべきです。

また文部科学省も、老朽校舎の全面建て替えに先んじて、耐震性確保のための改修を推進することを提言しました（公立の義務教育諸学校等施設の整備に関する施設整備基本方針（2006（平18）年4月24日））。

これにより、各自治体は既存校舎等の耐震診断とそれに基づく改修を速やかに実施してきました。

また、建築基準法第27条は、学校を特殊建築物に指定し、3階以上の学校については耐火建築物に、2階以下で面積2,000㎡以下のものは耐火建築物または準耐火建築物としなければならないとし、さらに同法施行令が階段・廊下・踊り場等についても規制値を設けています。

そのほか、自治体ごとに、より厳しい規制を設ける事例も多く、例えば東京都は条例で、教室には2以上の出入口を設けることや、特別支援学校の教室等の内装を難燃材料とすることなどを規定しています（東京都建築安全条例第13条、第15条）。

被災経験を踏まえた改善指針

文部科学省は阪神・淡路大震災や東日本大震災のような大きな災害が発生す

第3部　災害への備え

るたびに、防災指針を発表してきました。自治体当局、教育委員会、各学校は
そのような指針をよく学び、災害に強い学校づくりを目指さなければなりませ
ん。

　2016（平28）年の熊本地震の際には、「熊本地震の被害を踏まえた学校施設
の整備について　緊急提言」が発表されました。その主な内容は以下のような
ものです。

①耐震化が完了していた学校施設では倒壊に至る大きな被害はなかった。今後
　も構造体の耐震化を引き続き推進すべきである。
②避難所として継続利用する体育館等については、構造部材の耐震性能が著し
　く低下することがないよう整備しておくことや、鉄骨屋根の定着部や屋根構
　面からコンクリート片やトラス部材等の重量物が落下することがないよう整
　備することが重要である。
③体育館等の吊り天井の落下防止対策については、撤去を中心とした対策が効
　果を発揮した。防音等の観点から天井が必要である場合についても、補強や
　撤去後の再設置、ネットの設置を進めるなど、落下防止対策の早期完了を目
　指すべきである。
④窓ガラス・外壁など、吊り天井以外の非構造部材についても、可能な限り早
　期に点検及び対策を実施することが重要である。
⑤公共インフラ機能の停止、施設内における設備の損傷、燃料等の備蓄の不足
　などが想定されるので、老朽化対策や停電や断水に対応可能な設備の整備等
　を行うことが必要である。
⑥通学路や避難経路沿いの塀等の倒壊等を防止することも重要である。また、
　日頃からの児童生徒等への防災教育が重要である。
⑦障害のある児童生徒等の安全確保のためには、障害の種類・程度・特性等に
　応じた避難方法等をあらかじめ想定し、これに必要な施設設備や機能を備え
　ておくことが重要である。

　学校と設置者である教育委員会はこれらの基準や指針に従った施設整備を進
めるとともに、子どもたちの避難経路となる廊下・階段・出入り口等の安全や、
地域の人々の避難に役立つバリアフリー化、災害時の光・水の確保、緊急トイ
レの用意、備蓄倉庫と備蓄品の整備、校舎外周や通学路の安全確保などに心掛

けなければなりません。

　これらの課題についてはＱ７～Ｑ13及びＱ29～Ｑ36に詳記しましたので、参照してください。

そのほかの法規制と、文部科学省の通知

　また、施設の耐震化に関しては、以下のような法律にも関連する規定がありますので、建築基準法や地震防災対策特別措置法と共に目を通しておくべきでしょう。

　公立学校施設災害復旧費国庫負担法／大規模地震対策特別措置法／津波対策の推進に関する法律／津波防災地域づくりに関する法律／建築物の耐震改修の促進に関する法律／原子力災害対策特別措置法／水防法

　また、文部科学省大臣官房文教施設部からは、2003（平15）年７月、「学校施設耐震化推進指針」が通知されました。
　この中では、「学校施設については、地震発生時の児童生徒等の安全確保、被災直後の応急避難場所としての機能等を考慮し、新増築、改築、耐震補強といったすべての整備に共通して、重要度係数の採用や設計地震力の割増など、十分な耐震性能を確保する設計を行うことが重要である。
　また、その際、内陸直下の地震を発生させる活断層や、広範囲に大きな影響を及ぼす海溝型地震により当該地域に予測される地震動の大きさを考慮することも重要である」と耐震化の目標が示されました。
　このほか、以下のような通知も耐震化の指針として出されています。

　東日本大震災の被害を踏まえた学校施設の整備について　2013年６月
　学校施設における天井等落下防止対策等の推進について　2012年９月
　学校施設の防災機能の向上のために（2007年、国立教育政策研究所）

第3部　災害への備え

Q31 天井などの非構造部材の耐震補強は どのように進めるべきでしょうか

吊り天井の落下が特に心配

　非構造部材とは、建物の柱や梁、床などの構造体以外の建築部材のことで、学校では、天井、照明器具、窓、ガラス部材、壁の外装材や内装材、作り付け戸棚などがそれに該当します。

　また、教室等に配置された保管庫、書架、吊り下げテレビなどもそれに準じた設備品といえます。

　これらの非構造部材は過去の地震災害において、落下、脱落、倒壊による人的被害を多発しました。中でも教室や体育館の吊り天井落下による被害は顕著でした。そこで文部科学省は、2012（平24）年9月、「学校施設における天井等落下防止対策等の推進について」を発表し、非構造部材の点検と改善を求めました。

　これらの部材の多くは専門家の点検が必要であり、学校設置者の責任において速やかに実施されなければなりません。しかし窓や照明器具、保管庫などの点検は学校における定期点検・日常点検において、異常を早期に発見できる可能性もあります。

学校でチェックすべきポイントは

　そこで、学校が実施する安全点検において、どのようなチェックを行うべきかを、2015（平27）年3月に文部科学省が刊行した『学校施設の非構造部材の耐震化ガイドブック』をもとに紹介します。

・天井にずれ、ひび割れ、しみ等の異常はないか。
・照明器具に変形、腐食等の異常はないか。
・窓ガラスにひび割れ等の異常はないか。
・窓やドアの開閉時に引っかかる、著しく重いなどの異常はないか。
・開閉可能な窓のクレセントはかかっているか。
・地震時に衝突する恐れのあるものを窓ガラス周辺においていないか。

86

・教室の扉など、内部建具に変形、腐食、ガタつき等の異常はないか。
・外壁及び内壁に浮き、ひび割れ等の異常はないか。
・放送機器や体育器具の傾きや取付金物の腐食、破損はないか。
・空調室外機は傾いていないか。
・天吊りテレビは台に固定されているか。
・棚置きテレビやパソコン等の転倒・落下防止対策を講じているか。
・テレビ台や電子黒板、キャスター付きの台などの移動・転倒防止対策を講じているか。
・書棚、薬品棚、ロッカー等は取り付け金物で壁や床に固定しているか。
・棚の上に重量物を置いていないか。
・薬品容器等の破損・飛び出し防止対策を講じているか。
・ピアノなどに滑り・転倒防止対策を講じているか。
・エキスパンション・ジョイントのカバー材が変形、またははずれていないか。
・エキスパンション・ジョイント及びその周辺に物を置いていないか。

　点検結果は、学校保健安全法に基づき、速やかに学校設置者に報告し、改修を求めます。学校において改善が可能なものは、直ちに改修を実施します。
　同時に、避難路となる廊下に保管庫や書架などが置かれていないかもチェックし、置かれていた場合は速やかに撤去します。
　近年は、教室に付属するオープンスペースを廊下としても用いる形の校舎が増えていますが、こうした場合は、特にオープンスペースに置かれた学習家具や教材が避難の邪魔にならないよう、注意しなければなりません。そのためには、こうしたオープンスペースには、教材や家具を収納するエリアが設けられるべきです。
　ブロック塀等の外周部の安全点検と改修についてはＱ32に詳記します。

第３部　災害への備え

Q32 UESTION ブロック塀など、校地まわりの施設・設備の改修はどのように進めるべきでしょうか

ブロック塀の倒壊で痛ましい事故が

　1978（昭53）年に発生した宮城県沖地震では、28人の方が亡くなりましたが、そのうち18人がブロック塀や石塀の倒壊によるものでした。

　これを教訓に、1981（昭56）年に改正された建築基準法では、塀の高さの上限が、３ｍから2.2ｍに切り下げられました。

　しかし、2018（平30）年６月18日に発生した大阪北部地震では、高槻市立寿栄小学校のブロック塀が倒壊し、女子児童が死亡するという痛ましい事故が起きてしまいました。

　事故のあったブロック塀は、高さや控え壁についての建築基準法の基準を満たしていなかった上に、鉄筋の配筋にも問題があり、さらには防災アドバイザーからの指摘を受けた学校の要請に教育委員会が真摯に対応せず、十分な点検をしなかったという報道もなされました。

　これには、これまでの学校における耐震対策が、校舎等の構造体や吊り天井やガラス窓などの非構造部材の点検・改修に重点がおかれ、ブロック塀などの外周部にまで目が行き届きづらかったという問題点が反映していると思われます。

ブロック塀の点検・改修は緊急課題

　そこで文部科学省は緊急の安全点検を要請し、その結果を2018（平30）年８月10日に発表しました（学校施設におけるブロック塀等の安全点検等状況調査の結果について）。

　それによると、調査した学校51,082校のうち、19,953校にブロック塀等（組構造または補強コンクリートブロック造の塀）があり、そのうち12,652校に外観の点検で安全性に問題があったとのことです。こうしたことから、全国の学校は、直ちにブロック塀等の点検と改修を行わなければなりません。

　国土交通省は、ブロック塀の点検チェックポイントを次のように示していますので、当面、これに従って点検を行い、必要な改善を図りましょう。

＜ブロック塀の点検項目＞

①塀の高さは地盤から２.２ｍ以下か。

②塀の厚さは10cm以上か（塀の高さが２ｍ超2.2ｍ以下の場合は15cm以上）。

③塀の長さ３.４ｍ以下ごとに、塀の高さの５分の１以上突出した控え壁があるか。

④コンクリートの基礎があるか。

⑤塀に傾き、ひび割れはないか。

⑥塀の中に直径９mm以上の鉄筋が、縦横とも80cm間隔以下で配筋されており、縦筋は壁頂部及び基礎の横筋に、横筋は縦筋にそれぞれかぎ掛けされているか。基礎の根入れ深さは30cm以上か（塀の高さが１.２ｍ超の場合）。

＜組構造（レンガ造、石造、鉄筋のないブロック造の場合）の点検項目＞

①塀の高さは地盤から１.２ｍ以下か。

②塀の厚さは十分か。

③塀の長さ４ｍ以下ごとに、塀の厚さの1.5倍以上突出した控え壁があるか。

④基礎があるか。

⑤塀に傾き、ひび割れはないか。

⑥基礎の根入れ深さは20cm以上か。

　地域に開かれ、地域の目で子どもたちを守る学校づくりの観点からは、学校の外周は視線を遮ることになるブロック塀を用いるのではなく、生垣やアルミフェンスなどの開放的な塀などを用いるべきです。ブロック塀からの切り替えを推進しましょう。

　また、通学路に危険なブロック塀等がないかについても緊急に点検し、その結果を教育委員会に報告し、地域・保護者と共に対策を協議しなければなりません。

第3部　災害への備え

Q33 学校には災害避難施設として、どのような備えが求められるのでしょうか

学校は防災拠点として頼りになる存在

　地震などの災害が発生した時、学校には、地域の人々の緊急避難場所として、また、一定期間の滞在を想定した避難所としての役割が期待されます。

　在学する子どもたちが帰宅できず、学校が一時保護する事態となることも想定しなければなりません。

　特に公立学校は、どこの地域にも存在し、堅固な建築物であること、収容能力の高いこと、普段から地域の諸活動に利用されていることなどから、地域の防災拠点として極めて頼りになる存在です。学校職員はそのような地域と学校の関係を十分に認識して、期待に応えられるよう、心掛けなければなりません。

　国が災害対策基本法の定めにより策定する「防災基本計画」においても、自治体は、都市公園・公民館・学校等を避難場所としてあらかじめ指定し、その機能が十分に果たせるよう、必要な諸設備の整備を進めることが求められています。

　しかし、2007（平19）年に国立教育政策研究所がまとめた報告書「学校施設の防災機能の向上のために」によれば、市区町村立学校の約94％は避難所に指定されている一方で、学校施設を計画・設計する際に、避難所としての利用を想定した特別な配慮をしている都道府県は約17％、市区町村は約28％に過ぎないとのことです。避難所として期待される役割が発揮できる施設の整備が求められます。

防災拠点に必要な施設・設備

　そこで文部科学省は2013（平25）年6月、「東日本大震災の被害を踏まえた学校施設の整備について」を発表し、避難者の生命と生活を守るために必要な施設整備の対策例を以下のように示しました。

＜備蓄物資、備蓄倉庫＞

　子どもたち、想定避難者数などに応じ、食料、水、防寒具、毛布、携帯トイ

レ、扇風機、可搬式発電機などの物資を備蓄できるスペースを安全な場所に整備

＜トイレ＞
　汚水貯留槽の整備、マンホールトイレの設置など

＜情報通信設備＞
　防災無線、災害時有線電話の設置など

＜電気、水、屋内環境＞
　蓄電機能等を備えた太陽光発電設備の整備、プールの浄水装置、避難場所の断熱性能の確保など

＜ガス設備＞
　プロパンガスを都市ガスの調理器具等に使用できるようガス変換装置を接続するための接続口を整備

＜畳・じゅうたんスペース＞
　高齢者や障害者等の避難生活に配慮し和室等を整備など

＜更衣スペース＞
　女性のプライバシーに配慮したスペースを整備

＜避難場所運営のためのスペース＞
　災害時に備え応急避難場所の運営に必要な執務スペース、救護・炊き出しスペース、救援物資用スペース、掲示・連絡スペースなどをあらかじめ設定、給食室や家庭科室を炊き出しに利用できるよう整備など

＜バリアフリー化＞
　スロープや障害者用トイレ設置等のバリアフリー化

　学校と学校設置者は、これらの項目に示された内容が満たされるよう、施設・設備の整備を進めなければなりません。
　避難所運営に必要な物品等の備蓄については、Q35を参照ください。
　避難所設営時のトイレ設備の整備についてはQ36を参照ください。

被災者は何よりも情報を求める

　2004（平16）年の新潟中越地震の際、「地震当日の夜に、一番欲しかった支援は何ですか？」と被災者に尋ねた新潟県消費者協会のアンケートでは、「情報」、「連絡」、「水」の順番だったとのことです。被災者はモノよりも情報を強

第3部　災害への備え

く求めていたようです。では、どんな情報を求めたのでしょうか？

1995（平7）年の阪神・淡路大震災の際に、東京大学社会情報研究所の廣井脩氏らが実施した住民調査では、地震の当日、知りたかった情報は、①余震の今後の見通し、②家族や知人の安否、③地震の規模や発生場所、④地震の被害、⑤電気・ガス・水道などの復旧の見通し、の順でした。

一方、地震後1週間経って欲しかった情報は、①余震の今後の見通し、②電気・ガス・水道などの復旧の見通し、③交通機関や道路の開通状況、④食料や生活物資の状況、⑤入浴に関する情報、の順でした。

生命に関わる心配から、生活に関わる心配へと、求める情報の変化が見て取れます。

これに、避難所運営側の求める情報が加わります。子どもたちや教職員の安否情報、地域住民の安否情報、地震等災害の規模や周辺の被害情報、災害対策本部との情報のやりとり、学校施設の被害情報やライフライン情報、避難設備の利用情報、交通機関等の情報、警察・消防・医療機関等への情報伝達など様々な情報の収集や伝達が必要となります。

様々な情報収集・伝達手段を用意

しかし、大規模災害の際には、ほとんどの情報収集・伝達手段がマヒする事態となります。そこで学校には、地域防災行政無線受信機を設置するとともに、停電でも利用できる災害時特設公衆電話の回線を複数設置し、受話器を用意しておくことが求められます。携帯電話充電用の非常電源も各種用意しなければなりません。

また、自治体が開設しているメール配信システムや防災アプリ、電話会社が提供する「災害用伝言ダイヤル」や「災害用伝言版」、報道機関の防災アプリなどの利用方法もあらかじめ知っておくことが大切です。

避難所運営マニュアルには、情報収集・伝達手段を確保しつつ、情報の収集、災害対策本部や教育委員会等とのやりとり、避難されている人々への情報伝達を集中して取り扱う「情報班」の設置を定めなければなりません。

避難所内での情報伝達手段としては、「掲示板」や「かべ新聞」が有効です。避難者の見やすい場所だけでなく、物資受け取りなどで避難所を訪れる被災者の目にもとまるよう、玄関付近にも設置します。

避難者同士が情報交換するための「伝言板」も、避難所に不可欠の情報伝達

手段です。

　また、過去の震災では、「被災者ニュース」といった、紙媒体の伝達手段がとても役に立ったというレポートがあります。紙媒体は、被災者の手元に残り、いつでも確認でき、そこに書き込むこともできるからでしょう。

　紙媒体のニュースは自治体の災害対策本部が発行するものが基本でしょうが、避難所ごとの情報伝達・交流のために、避難所での発行も望まれます。

　その際は、普段の学習活動で用いられる印刷機やコピー機、用紙等が、大いに役立つことでしょう。

避難所設営訓練も大切

　学校に設置された避難所がスムーズに運営されるためには、諸設備が整っているだけではなく、様々な事態を想定した普段からの訓練が大切です。

　東京都のある区では、隔年ごとに地域と学校が一体となった夜間避難所設営訓練が実施されています。参加者は、①総務情報班、②被害者救護班、③給食物資班、④救護衛生班のいずれかの役割で訓練に参加します。学校職員にも、普段の職務を勘案されて役割が振り分けられます。

　避難所設営訓練に当たっては、あらかじめ以上のようなことを確認しておくべきでしょう。

第3部　災害への備え

Q34 避難所運営から学習活動再開へのプロセスはどのように描けばよいのでしょうか

避難所運営の期間区分と学習再開への準備

　2011（平23）年の東日本大震災では、被災した子どもたちの心のケアが大きな課題であったという報告が多数寄せられました。

　そして、学校の再開が子どもたちの心の安らぎに大きく貢献したという報告もたくさんありました。避難所となった学校は、早期の学習活動再開に向けて最大限の努力をしなければなりません。

　文部科学省が2013（平25）年6月に発表した「東日本大震災の被害を踏まえた学校施設の整備について」では、学校に開設された避難所の運営を、①救命避難期、②生命確保期、③生活確保期、④学校機能再開期の4期に分け、時期ごとにふさわしい避難所の施設・設備の整備と、学習再開への準備を進めることを求めています。

　具体的には、①の救命避難期には、子どもたちの安全を確保しつつ、地域の人々を受け入れます。この時期に必要な施設・設備の課題は、子どもたちを高台等へ避難させることを想定した避難経路の確保・整備と、住民の避難を容易にする施設のバリアフリー化があります。

　②の生命確保期には、子どもたちの保護と、保護者・学校職員を含めた安否確認や被災箇所の確認などとともに、避難所の開設と運営に当たります。

　この時期のためには、食料や水、毛布、発電機などを蓄えた備蓄倉庫や、災害対応トイレ、情報通信設備などの整備が必要となります。

　③の生活確保期には、避難所は自治組織を立ち上げ、教職員は側面からの支援にとどめ、学習機能再開の準備を推進します。

　この時期には、ガス設備の再開、更衣室やシャワー設備など、生活維持のための施設・設備の整備が進められます。

　④の学校機能再開期には、避難者の減少とともに、避難所機能を縮小しつつ、学校機能を再開します。この時期には、避難所と学校の同居・共存を考えた施設・設備を整備しつつ、学習活動を再開します。

　また通知では、子どもたちの学びの再開をスムーズに進めるために、あらか

94

じめ、教育活動エリアと避難エリアの明確なゾーン分けをしておくことが大切としています。

　学校機能の早期再開のためには、教職員が避難所運営の業務から解放されて、学習活動再開準備の業務に専念できる体制への移行が必要となります。そこで、避難所運営方法や役割分担についてのマニュアルに、あらかじめそのことを位置づけておくことが求められるでしょう。

　阪神・淡路大震災に見舞われた兵庫県では、県の「地震災害対策計画」に次のような留意事項を示しています。

　「学校を避難所とする場合については、特に教育機能の早期回復に留意することとする。そのため、指定に当たって、教育委員会及び当該学校と市町（防災担当部局）は、十分協議し、『学校における避難所運営業務及び市町防災部局への移行手順』を策定するとともに、継続的に連絡会議等を開催し、施設の開放区域と使用禁止区域、鍵の保管状況、資機材等の保管状況等について確認するなど、平時からの協力・連携体制の充実に努めることとする」

災害時の教科書給与と就学援助等の特例

　学習活動の再開に向けては、子どもたちの教科書や教材の準備などについても、学校は最大限の支援をしなければなりません。

　災害により教科書を損傷した場合は、災害救助法に基づき都道府県と国が経費を負担して再給与がなされます。

　特に大規模な災害の場合は、文部科学省から就学援助の特例や教科書の取り扱いについて通知が出されます。2011（平23）年3月の東日本大震災では、多くの被災児童生徒が住民票異動や学籍異動を伴わない避難をしましたが、文部科学省は、そのような場合でも教科書の無償給与や就学援助を実施して差し支えないとの通知を都道府県に行いました。

　高校の授業料についても学校設置者の判断で、徴収猶予・減額・免除等の措置が取られます。

第3部　災害への備え

Q35 備蓄倉庫にはどのような物が備えられるべきでしょうか

備蓄倉庫は避難所に不可欠

　学校が、緊急避難場所や避難所としての役割を発揮するためには、様々な施設・設備が整備されなければなりませんが、その中でも備蓄倉庫の整備は特に重要です。

　2011（平23）年3月11日に発生した東日本大震災の際、「学校に災害備蓄がなかったので、避難所としての機能が果たせず、大変困った。地域の人々が様々なものを提供してくださって、ありがたかった」という学校事務職員の報告もあります。

　以下に紹介する物品等は、東京都文京区の避難所に指定されている学校の備蓄品の事例です。同区では、文京区防災対策条例によって、避難所に指定された学校等について、「施設の安全の確保、人員の確保、食糧及び生活必需品の備蓄、飲料水の確保等を行うものとする」と定めています。

　わかめご飯、クラッカー、おかゆ、野菜シチュー、チキンシチュー、チリソースシチュー、粉ミルク（新生児用、9カ月以降用、アレルギー対応用）、ほ乳瓶、ほ乳瓶用換え乳首、水（ペットボトル1.5ℓ）、食塩、安全キャンドル、安全ろうそく、ラジオ付きライト、ヘッドランプ、LEDヘッドライト、LEDライト、LEDライト用電池、単3乾電池、マッチ、毛布、ござ、エアマット、保温衣具、女性用肌着セット、タオル、ポリバケツ、給水袋（3ℓ・10ℓ）、給水コック、給水1tタンク、手動式浄水器、五徳セット、缶切り、ティッシュペーパー、紙コップ、紙皿、フォークスプーン、ラップ、ごみ袋（90ℓ）、簡易便器、便器用収納袋、簡易トイレ、簡易トイレ用スペア袋、マンホール型トイレ、マンホールシューター、マンホールトイレテントセット、組立式便器（大）、簡易トイレ用テント、自動ラップ式トイレ（本体）、自動ラップ式トイレトイレ消耗品、トイレットペーパー、大型テント、プライベートテント（大）、プライベートテント（中）、軽量折畳式車いす、リヤカー、レスキューカー、発電投光器、炊き出し用バーナーセット、釜、炊き出し用プ

レート、調理レンジセット、炊き出し用ＰＰ袋、ネジリッコ、ガソリン安全缶（１ℓ）、オイル（１ℓ）、携行ガスコンロ、コンロ用ガスボンベ、鍋セット、三角巾、包帯、さらし、子供用おむつ、大人用おむつ、生理用品、ガーゼ、担架１架、遺体収納袋、折りたたみ式ベッド、ヘルメット、軍手、ケブラー手袋、防塵マスク、防水シート、拡声器ジャッキ（７ｔ・４ｔ）、油圧爪つきジャッキ、モンキーレンチ、バール、スコップ、のこぎり、ボルトクリッパー、ロープ各種、万能斧（大・小)、台車、掃除機、洗口液、ウェットティッシュ、清拭タオル、メンディングテープ、洗面器、ホーロー洗面器、ビニール袋、ビニール手袋、腕章各種、ゼッケン各色、災害特設公衆電話、トリアージタック、本部用のぼり旗、ペットゲージ、帰宅困難者用食料

学校で保護する児童生徒のための備蓄も

　これまで備蓄倉庫は、避難してくる住民のための物品を備蓄することが主な目的とされてきました。

　しかし、震災等の被害が甚大であったり、交通機関がマヒしたりすれば、在学する子どもたちを学校で保護することになります。さらに、都市部では帰宅困難となった通勤者を救援する食料・毛布等の備蓄も考えなければなりません。

　そのため、備蓄する物品の種類や数量については、そのような事態を想定して再検討することが必要な場合もあるでしょう。

　また、備蓄倉庫に収納できないような大型物品（避難者のプライバシーを守る仮設衝立など）は、自治体の防災担当部局が管理し、発災後、直ちに避難所に送達できる体制が整えられなければなりません。

第3部　災害への備え

Q36 避難拠点としての学校にはどのような
トイレの備えが求められるのでしょうか

トイレは最大の難問

　過去の地震災害において、避難所となった学校のトイレで、人々がどれだけ苦しんだかを、2007（平19）年に国立教育政策研究所がまとめた「学校施設の防災機能の向上のために」から紹介します。

・下水のマンホールを使ってトイレにしたり、ごみ用の大きなビニール袋を備え付けたりして対応した。
・仮設トイレが足りず、校庭に穴を掘ってトイレとして使用した。
・トイレを我慢するストレスから、飲食を控え、体調を崩す避難住民がいた。
・発災直後は停電していたので、夜は真っ暗な中で屋外仮設トイレを使用しなければならず、怖くてトイレへ行けなかった人や、ドアを開けたまま用を足した人もいた。
・水道が復旧し、学校のトイレが使えるようになったが、洋式トイレがなかったので、高齢者や障害者の利用に支障があった。

水の確保が課題

　こうしたことから避難所に指定されている学校は、深刻な被害状況を想定して、できるだけ多面的なトイレ対策を用意しておかなければなりません。

　まず第一に、上水道が断水した時の水の確保です。

　そのためには、井戸を掘っておくことや、プールに貯めてある水を利用するなどの対策を立てます。プールを校舎屋上に設け、その排水管をトイレ洗浄用の配管に接続する方式もあります。

　国立教育政策研究所が発表した「学校施設の防災機能の向上のために」は、徳島県吉野川市の事例を紹介しています。

　同市では、小学校校舎のプール改築工事に合わせて、プールに貯留する水を、そのまま消火用水に用いるほか、一次処理してトイレ洗浄水などに利用し、三次処理までした水は飲料にも利用できる「災害時緊急給水システム」を設けま

98

した。

　年1回の地域自主防災組織の訓練に稼働させて、住民の防災意識向上にも役立てているということです。

　近年は、環境への配慮の観点からトイレ洗浄水は雨水等の中水を利用する施設も増えています。中水は地下のタンクに貯蔵されますので、電気さえ復旧すれば、トイレ洗浄水は復活できます。

仮設トイレを準備

　一定期間が経過すれば、自治体が仮設トイレを設置するでしょうが、それまでの対策として、校庭の下水道配管にあるマンホールを開けて、仮設便器を置き、仮設ブースや三角錐のテントで覆うという方式もあります。

　「学校施設の防災機能の向上のために」によると、神戸市では、避難所に指定されている学校に、ユニット式上屋とポータブル便器を設置する施策を進めています。プールに貯留されている水を仮設トイレに導いて水洗に用い、一時貯留した後、下水道本管に流します。

　この方式は下水道本管の機能が確保されていることを前提にしたものです。下水道本管に使用を妨げる損害がある場合は、流すことはできませんので、規模の大きい汚水貯留槽を設けなければなりません。2013（平25）年6月に文部科学省が発表した「東日本大震災の被害を踏まえた学校施設の整備について」でも、汚水貯留槽の整備を課題として取り上げています。

　備蓄倉庫に簡易便器と汚物収納袋を多数用意しておくことも有効でしょう。電気と上水道が復旧し、下水道に問題がなければ、学校のトイレは使えます。学校はお年寄りや体の不自由な人々のことを考え、バリアフリー基準を充足した多機能トイレを各階に用意するとともに、洋式便器化も推進しなければなりません。バリアフリー基準についてはQ13を参考にしてください。

第3部　災害への備え

Q37 学校の防犯体制は どのように築かれるべきでしょうか

地域の目で守ることが大切

　これまで学校は、社会から託された弱い立場の子どもたちを集団で育む場として、その安全は地域全体で守るという社会的合意は揺らがないものと思われてきました。

　しかし、2001（平13）年の大阪教育大学附属池田小学校の児童殺傷事件以来、そうした信頼感はもろくも失われ、その後も類似の事件は多発しています。学校の安全神話は崩壊したと認識しなければならないでしょう。

　こうした事件が多発する以前、文部科学省は学校を地域に開くための方策として、地域の人々が訪れやすい学校づくりを推奨し、各地で様々な試みが進められました。

　例えば、千葉市立打瀬小学校では校庭が地域の公園としても利用できるようになっており、校舎内にも地域の人々が横断できる通路が設けられました。

　東京都杉並区の杉並第十小学校も地域防災拠点として、公園の中につくられ、校庭はすなわち公園という関係になっています。また多くの学校で、校門をなくしたり、塀を生け垣に直したりと、様々な工夫がこらされました。

　最近はこうしたあり方が大きく見直され、校門や塀を頑丈にして施錠し、テレビカメラでチェックするなど、学校を閉ざす方向での施策が進められつつあります。

　こうした見直しは確かに必要なものですが、学校に悪意をもって侵入しようとするものを、門や壁、セキュリティシステムなどのハード面の強化だけで防ぐことは、極めて難しく、それを貫こうとすれば高い目隠しの塀で学校を囲うこととなってしまい、子どもや地域の人々の心を重くすることになります。

　また、子どもが被害を受けるのは校内より、登下校時や帰宅後の遊び中に多いことを考えれば、校内さえ安全であれば良いと考えることもできません。

　やはり保護者・地域の全面的なバックアップを受けて、パトロール体制をつくったり、地域安全マップづくりを進めるなど、マンパワーによる、子どものすべての生活場面に目を配った安全体制をつくることが何よりも大切だと思い

100

ます。

　そのため、学校は地域コミュニティのセンターであるとの立場を維持し、保護者や地域の方々が学校を訪問しやすいあり方を一層推進する方向で、安全強化の方策を考えるべきではないでしょうか。

　2008（平20）年3月、茨城県土浦市のJR荒川沖駅周辺で8人が通り魔的に殺傷されるという大きな事件が発生しましたが、その犯人は当初は、かつて通学していた小学校を襲うつもりでいたが、当日は卒業式で教職員や保護者がたくさんいたので襲うのをやめたと供述したとの報道がありました。

　学校が、いつも多くの大人の目で守られていることが、こうした事件を防ぐ最大の手だてなのではないでしょう。

ハード面強化のポイント

　学校をハードの面から守ることを考えるに際しても、できるだけ学校にふさわしい、開放的なあり方を考えなければなりません。具体的には、守るべき範囲を明確にすること、見通しを確保すること、来訪者を確認することの3点を軸に、不審者の立ち入りを防止することが大切です。

　見通しの確保の点では、特に校門など外部からの立ち入りポイントは受付位置から見渡せるようにすべきですが、すべてのポイントを見渡すことは困難です。見渡しが利かないポイントにはカメラ付きインターホンを設置し、普段は施錠をするなどの処置が求められます。

　また、学校を囲む塀は、見通しが利き、外からも容易に学校での子どもたちの活動の様子がわかるように、低い植栽と見通しの利くフェンスなどで構成されるべきでしょう。ブロック塀は見通しの悪さと、倒壊の危険を考えると用いるべきではありません。

　来訪者の確認は、事務室・用務員室あるいは職員室が必ず訪問者の進入経路にあり、来訪者を確認し、入校名札等を付けていただいた上で、校内に入っていただくことが基本となります。

　見通しの確保、来訪者の確認にはどうしても人の目が必要となりますが、学校職員だけでは不十分なのが現実です。公立学校が簡単にガードマンを雇うこともできないでしょう。進んだ学校では地域の人々が常駐しやすいように「住民ホームベース」といった部屋を設置する例もあります。学校職員の目が届きにくいポイントにそうした部屋を配置することも効果的だと思います。

101

第3部　災害への備え

開発進む防犯機器

　近年は、学校に不審者が進入した際、あるいは進入しようとしている際に有効な学校用の防犯機器が様々に開発されています。以下にその例を紹介します。

＜進入を防止する機器＞

　テレビカメラやカメラ付インターホンで来客を確認して、職員室等から玄関ドアを遠隔操作で開閉するもの。

　カードなどで認証することによって解錠するもの。

＜進入を報知する機器＞

　各教室や校舎内の各所に通報ボタンを設置し、職員室などで受信するもの。

　教職員が携帯する通報器で、進入を報知するもの。

　（上記は共に通報場所が明示されるシステムである）

＜侵入者を撃退する道具＞

　さすまた、催涙スプレー、塗料を付着させるボール、防御用の盾。

　網を発射して侵入者をからめとるもの。

＜子どもが携帯するもの＞

　防犯ブザー、ランドセル等に装着されたＧＰＳ端末で位置を確認できるもの。

　また、学校と地域警察署との間に「学校110番」というホットラインが引かれ、ボタンを押せば、直ちに警察に通報される仕組みが導入されている地域もあります。

文部科学省の指針を基本とした整備を

　文部科学省は多発する不審者侵入事件を受けて、いくつかの重要な通達や指針を発表しました。

　まず、2002（平14）年11月、大阪教育大学附属池田小学校の事件を受けて「学校施設の防犯対策について」を発表し、防犯面での学校施設の改善を求めました。

　続いて、2003（平15）年8月に小学校と中学校の学校施設整備指針を改正し、学校防犯を強化する観点から、主にハード面の施設整備を進めることを求めました。高等学校施設整備指針も同様の趣旨で、2004（平16）年1月に改正がなされました。

Q37　学校の防犯体制はどのように築かれるべきでしょうか

　さらに2005（平17）年３月には、大阪府寝屋川市の事件を受けて、「安全・安心な学校づくりのための文部科学省プロジェクトチーム」を立ち上げ、「学校安全のための方策の再検討等について」という報告書を発表しました。この中では、門は、登下校時以外は原則施錠することを求めています。また、「学校と警察の一層の連携推進」が強調され、警察によるパトロール、警察の協力による防犯訓練の実施、警察との通報体制の整備、地域内の不審者情報の共有化などが必要であるとしています。

　同じくこの報告書は、寝屋川市の事件を教訓として、不審者を校内深くまで入れないために、「学校関係者が来校者と応接できるスペースを受付の近くに設け、原則として来校者に対しては応接スペースで応対するようにすべきである。特に、来校理由がはっきりしない来校者に対しては、応接スペースにおいて複数の学校関係者で対応する必要がある」としています。

　また、2006（平18）年２月には、「学校施設の防犯対策事例集」を発表し、門や受付、応接スペースの整備、地域開放や複合施設での対応など、詳細な対策事例を紹介しています。

　学校施設管理者はこうした指針を受けた学校施設の改善に取り組まなければなりません。

　また、子どもたちが危険に遭遇する可能性が校内よりずっと高い通学路については、地域パトロールの体制づくり、地域安全マップづくり、防犯灯や夜間照明の整備、安全教育の推進など、多くの課題を積極的に進めなければなりません。このことについてはQ27に詳記しましたので、参考にしてください。

第4部
安全点検と賠償責任

第4部　安全点検と賠償責任

Q38 学校職員による安全・防災点検はどのように進められるべきでしょうか

基本は学校職員による点検

　建築物は常に劣化が進むので、不断に点検し、問題箇所を改修しなければ施設の安全な利用ができなくなります。また、近年は子どもの安全・健康を守る上で次々に新たな問題が発生しています。それらに対応するためには、様々な角度から、様々な手法で点検・整備を進めなければなりません。

　そのため、学校職員による定期点検や日々の点検、保護者や子どもの目による安全点検と、建築・消防等の専門家による保守点検が確実に、惰性に陥ることなく実施されることが大切です。

　その中でも学校職員による点検は、安全確保の基本中の基本といっていいでしょう。

　その点検は、学校保健安全法で義務づけられています。

　同法第27条は、学校が、児童生徒等の安全の確保を図るため、施設及び設備の安全点検、安全指導、職員研修等の安全計画を策定し、実施しなければならないとしています。

　そして同法施行規則第28条第1項は、法の求める安全点検は「毎学期1回以上、児童生徒等が通常使用する施設及び設備の異常の有無について系統的に行わなければならない」と規定し、第2項は、「必要があるときは、臨時に、安全点検を行うものとする」としています。

　また、第29条は、定期・臨時の点検のほか、職員が日常的な点検を行い、環境の安全の確保を図らなければならないとしています。

　このように、学校において職員が実施する安全点検は、定期点検、臨時点検、日常点検の3つで構成されます。規則は定期点検は学期1回以上としていますが、ほとんどの学校で毎月実施されているはずです。

　安全点検の基本は、何と言っても学校職員による定期的な点検の徹底にあります。専門家に委託する技術的点検は、職員の定期点検を補助するものと考えなければなりません。

　日頃、子どもの心身の成長を見守る者が、子どもの日常生活の様々な場面に

合わせて点検項目をできるだけ細かく構成してリスト化し、職員がそれぞれの分担区域を、責任をもってチェックすることこそが、安全確保の要となります。

　施設のありようは学校によって千差万別であり、点検箇所や注意点の設定、チェックリストの構成などは、それぞれの学校に最も適したものを作り上げなければなりません。チェック項目を細かく示して、チェックを入れる方法以外にも、大まかな項目を示して記述を重んじる方法もあります。

　文末に記載したビジュアルなチェックリストは、現代学校事務研究会が『必備！　学校施設・設備の基礎基本［新訂版］』（学事出版、2017年）で紹介した、施設の場所ごとに、必要なチェック項目を細かく示した形式のモデルです。あくまでも参考として紹介するものであり、それぞれの学校では、自校の施設の実態に合わせた最適のチェックリストを作っていただきたいと思います。

教材や生活行動の安全点検も

　点検は施設や設備だけでなく、理科の実験器具のような教材や清掃用具などにも及ぶべきです。大三角定規などの教材が所定の位置にあるか、巻き上げスクリーンの引き下げ棒や掛け図を掛けるための棒のように、振り回されて事故を起こしがちな物品が安全な位置に収納されているかなどをきちんとチェックしなければなりません。

　子どもが持参する体育衣や習字道具、絵の具セット、冬のコートなどが整理しやすく取り出しやすいロッカーに、きちんと収納されているかなどもチェックしたいと思います。

　学校では、子どもたちが安全に学習し、生活するために、様々な「きまり」をつくります。

　登下校の時間、休憩時間の過ごし方、遊び場所や遊び用具のきまり、廊下の歩き方、学校へ持ってきてはいけないもの、校帽や名札の着用、掃除の仕方、係の仕事……など多岐にわたります。

　こうしたきまりが守られているか、きまりが不十分だったり、現実的でなかったりしていないか、重点として取り組むべき指導課題は何か、生活指導上特別に注意すべき場所はないかなどについても、生活指導委員会等で定期的にチェックしなければなりません。そのため、特別なチェックリストを作ることも考えるべきでしょう。

第4部　安全点検と賠償責任

消防設備等の点検

　消防避難設備についても、校内防火管理者（主に教頭）の指示により、チェックリストに従った定期・日常点検が実施されなければなりません。以下の項目は、通常必要な点検内容の例示です。

①給食室や主事室等、業務で火気を用いる部屋の設備と管理の状況
②理科室等火気を利用したり危険物を管理する部屋の設備と管理の状況
③映写設備・照明設備等、火災の原因となりうる設備・備品の使用と管理の状況
④冬季暖房設備の使用と管理の状況
⑤廊下、階段等に避難の障害となる物はないか
⑥防火シャッター、防火扉の作動の障害となる物はないか
⑦消火器等の設備が定位置にあるか、使用期限を過ぎていないか
⑧自動火災報知設備や非常放送設備に異常はないか
⑨火災報知器や消火栓に異常はないか
⑩避難誘導灯や避難器具に異常はないか

学校環境衛生基準と学校給食衛生管理基準による日常点検

　学校保健安全法に基づいて制定されている「学校環境衛生基準」は学校の衛生環境について、職員が薬剤師等の指導助言を仰ぎながら、換気・保温・採光・照明などの教室の環境、飲料水の水質や設備、ネズミや害虫の有無、備品管理、プールの環境などについて、日常の点検を行うことを求めています。

　また、学校給食法に基づいて制定されている「学校給食衛生管理基準」は、学校給食の衛生管理について、日常の点検を行うことを求めています。

マンネリを防ぐ手だて

　安全・防災点検は、分担した職員が、定期的に点検を行うことが基本ですが、いつも同じところを見ていると惰性に陥り、見るべきところを見落とす恐れがあります。事故はそのような時に起こりがちです。

　そのための方策として、以下のような手だてが考えられます。

①分担箇所を重複させ、別々の職員が二重にチェックする。

108

②学期に一度程度、生活指導委員会など安全を担当する職員が集団で全校を点検する。
③事務職員や教頭など、施設管理を担当する職員が定期的に全校をチェックし、職員の分担チェックと照合する。
④年に1～2回程度、学校職員と保護者代表で全校の点検を行う。子どもの代表参加も積極的に検討すべき課題である。

点検を改善にどうつなげるか

　こうして実施される点検が、どのように施設や設備の改修・改善に具体化されるかが、大きな問題です。

　学校保健安全法第28条は、学校の施設・設備について、「児童生徒等の安全の確保を図る上で支障となる事項があると認めた場合」には、遅滞なく、改善措置を講じるか、それができない時は、学校設置者に申し出ることを求めています。

　事務職員・教頭など施設管理を担当する職員は、点検が実施された時は、まず全体のリストをチェックし、直ちに改修が必要なものと時間的余裕のあるものに区分し、その改修が学校の職員で作業可能なもの、学校予算で執行できるもの、設置当局に申請するものなどのレベルごとの区分も行って、遅滞なく処理を開始しなければなりません。

　また、点検結果がどのように施設・設備の改善につながったかは、職員だけでなく、保護者や子どもたちにも、いち早く報告すべきです。学校が子どもたちの安全確保のために、どれだけ真摯に、すばやく対応しているかを知ってもらうことは、子どもたちの安全教育に役立つとともに、保護者の信頼感醸成にもつながるものと思います。

安全点検カード（教室①）作成例

点　検　者	点　検　場　所

項　　目	４月	５月	６月	７月
1 窓ガラス・クレセントの破損				
2 蛍光灯等、照明器具の確認				
3 黒板の破損				
4 コンセントの確認				
5 床面の破損				

修繕箇所

Q38 学校職員による安全・防災点検はどのように進められるべきでしょうか

安全点検カード（教室②）作成例

点 検 者	点 検 場 所

項　　目	4月	5月	6月	7月
6 時計の作動				
7 ドアの破損				
8 机・いすの高さの調節				
9 壁の破損				
10 机・いすの破損				

修繕箇所

111

第4部　安全点検と賠償責任

安全点検カード（階段）作成例

点　検　者	点　検　場　所

1 照明器具に損傷・落下のおそれはありませんか？

2 歩行の妨げになる物が置かれてませんか？

3 滑り止めが磨耗してませんか？

4 床面に損傷・浮きはありませんか？

5 手すりにぐらつきや損傷はありませんか？

6 壁面の掲示板がしっかり固定されていますか？

項　　目	4月	5月	6月	7月
1 照明器具の破損				
2 歩行の妨げになる物の有無				
3 滑り止めの磨耗・破損				
4 床面の破損・滑りやすさ				
5 手すりのぐらつき・破損				
6 掲示物・額の破損				

修繕箇所

Q38 学校職員による安全・防災点検はどのように進められるべきでしょうか

安全点検カード（昇降口）作成例

点 検 者	点 検 場 所

1 窓・出入り口の戸は損傷してませんか？開閉に異常はありませんか？

2 掲示物の損傷・落下のおそれはありませんか？

3 傘立てに損傷はありませんか？

4 砂落としに破損はありませんか？

5 靴箱に転倒防止がなされてますか？

6 清掃用具入れに転倒防止の処置がなされてますか？

7 照明器具に損傷・落下のおそれはありませんか？

項　　目	4月	5月	6月	7月
1 出入り口の戸の破損				
2 掲示物の破損				
3 傘立ての破損				
4 砂落としの破損				
5 靴箱の転倒防止等				
6 清掃用具入れの転倒防止等				
7 照明器具の破損				

修繕箇所

第4部　安全点検と賠償責任

安全点検カード（廊下①）作成例

点　検　者	点　検　場　所

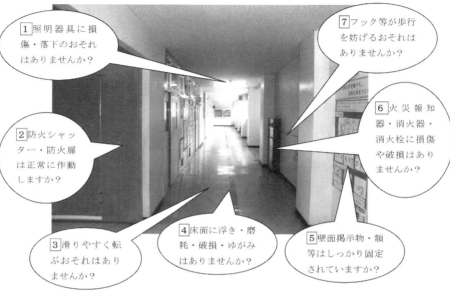

1 照明器具に損傷・落下のおそれはありませんか？
2 防火シャッター・防火扉は正常に作動しますか？
3 滑りやすく転ぶおそれはありませんか？
4 床面に浮き・磨耗・破損・ゆがみはありませんか？
5 壁面掲示物・額等はしっかり固定されていますか？
6 火災報知器・消火器・消火栓に損傷や破損はありませんか？
7 フック等が歩行を妨げるおそれはありませんか？

項　目	4月	5月	6月	7月
1 照明器具の損傷等				
2 防火シャッターの作動				
3・4 床面の破損・滑りやすさ				
5 掲示物・額の転落防止				
6 火災報知器・消火器の確認				
7 壁面のフック等				

修繕箇所

Q38 学校職員による安全・防災点検はどのように進められるべきでしょうか

安全点検カード（廊下②）作成例

点　検　者	点　検　場　所

12 非常口は確保されていますか？

8 窓・窓ガラスははずれやすくありませんか？

11 出入り口の戸ははずれやすくありませんか？

10 歩行の妨げになる物が置かれてませんか？

9 戸棚・ロッカー等転倒防止がされていますか？

項　　目	４月	５月	６月	７月
8 窓ガラスの確認				
9 戸棚・ロッカーの転倒防止				
10 歩行の妨げになる物の有無				
11 出入り口の戸の確認				
12 非常口の確保				

修繕箇所

第4部　安全点検と賠償責任

Q39 法令等に基づく専門家の安全点検の進め方を教えてください

多岐にわたる専門家の点検が必要

　建築物の保守上大切な躯体の強度や光熱水設備・防災設備の点検や検査及び、学校環境衛生基準などの保健衛生に関する検査は高度の専門知識や検査機器が必要であり、学校職員では行えません。通常は教育委員会が専門業者と契約し、定期的な点検を実施することとなります。主なものは以下の通りです。

　　○火災報知設備・消火設備・誘導灯・救助袋・非常通報装置（学校110番）
　　○電気設備・変電設備・自家発電装置・空調設備・ガス設備
　　○プール・受水槽・高架水槽・排水設備・プール浄化槽・プール加温装置
　　○学校環境衛生の基準による検査（温度・湿度・二酸化炭素・気流・一酸化
　　　炭素浮遊粉塵・落下細菌・熱輻射・ホルムアルデヒド・揮発性有機化合物
　　　各種・ダニアレルゲンなど）
　　○躯体の耐震強度
　　○内外装・雨樋などの非構造部材の耐震強度
　　○エレベーター・ダムウエイター・給食調理機器・ボイラーなど

　これらの検査には、ほとんど根拠となる法令の定めがあります。その概要は以下の通りです。

①建築基準法による耐震度等の検査

　建築基準法第12条は、学校などの公共建築物の耐震性を確保するために、建築物、換気装置などの設備、防火設備、エレベーターなどの損傷や腐食その他の劣化の状況を点検し、監督機関に報告することを義務づけています。

②地震防災対策特別措置法による耐震診断

　公立の幼・小・中学校・義務教育学校は、地域防災拠点としての役割も大きいことから、既存の校舎、屋内運動場、寄宿舎を特例として、文部科学大臣が

定める方法で耐震診断を実施することと、その結果を公表することを各地方公共団体に義務づけています（第6条の2）。

建築基準法は、既存建築物は建てられた時点での基準や規制に適合していれば良いとしていますので、この診断の義務づけは特別なものです。

③消防法による施設の点検・整備

消防法第8条は、学校、病院など多数の出入りがある建物については、「政令で定める資格を有する者のうちから防火管理者を定め、当該防火対象物について消防計画の作成、当該消防計画に基づく消火、通報及び避難の訓練の実施、消防の用に供する設備、消防用水又は消火活動上必要な施設の点検及び整備、火気の使用又は取扱に関する監督、避難又は防火上必要な構造及び設備の維持管理並びに収容人員の管理その他防火管理上必要な業務を行わせなければならない」と規定しています。

同じく第17条の3の3は、学校等について、消防用設備等を定期的に、「消防設備士免状の交付を受けている者又は総務省令で定める資格を有する者」等に点検させ、「その結果を消防長又は消防署長に報告しなければならない」と規定しています。

④水道法による水質検査

水道法第20条は、水道事業者（水道供給者）は「厚生労働省令の定めるところにより、定期及び臨時の水質検査を行わなければならない」と規定しています。

⑤電気事業法による電気設備の点検・整備

電気事業法第42条は、事業用電気工作物を設置する者は保安規定を設けることを規定し、同じく第43条は、事業所ごとの保安を監督するために主任技術者免状を有する者のうちから、主任技術者を指定して点検・保安に当たらせることを規定しています。学校にあっても高圧電流を受電し、変電設備を有する場合は、この規定が適用されます。

しかし、受電容量が1,000ｋｗ未満の自家用電気工作物の場合は、指定法人に保安業務を委託することが認められているので、多くの学校は電気の保安・検査協会などに業務を委託して点検・保安を行っています。

117

第4部　安全点検と賠償責任

⑥バリアフリー法の特別特定建築物である養護学校等が移動等円滑化基準に適合しているかどうかの検査

　高齢者、障害者等の移動等の円滑化の促進に関する法律第53条第3項は、所管行政庁は、「政令で定めるところにより、建築主等に対し、特定建築物の建築物移動等円滑化基準への適合に関する事項に関し報告をさせ、又はその職員に、特定建築物若しくはその工事現場に立ち入り、特定建築物、建築設備、書類その他の物件を検査させ、若しくは関係者に質問させることができる」としています。

⑦建築物における衛生的環境の確保に関する法律に定める点検

　この法律（通称「ビル管理法」）は、学校、デパート、図書館、ホテルなど「多数の者が使用し、又は利用する」建物で、一定の延べ床面積のもの（学校は8,000㎡以上）について、以下のような検査・保守を義務づけています。
　　ア　2月に1回の室内空気環境測定
　　イ　1週間に1回の遊離残留塩素測定
　　ウ　半年ごと、1年ごとに定められた項目の水質検査
　　エ　6月に1回の排水設備清掃
　　オ　6月に1回のネズミ・昆虫防除
　　カ　6月に1回の日常清掃以上の清掃
　　キ　建築物環境衛生管理技術者を選任する

⑧学校環境衛生基準による検査・点検

　学校保健安全法に基づいて制定されている「学校環境衛生基準」は、衛生環境の検査とそれによる事後措置、日常の衛生管理を定めています。この基準は法規範としての効力を有します。

　環境衛生検査対象となるのは、換気・保温・採光・照明などの教室の環境、飲料水の水質や設備、ネズミや害虫の有無、備品管理、プールの環境などです。

　点検の仕方は、以下の3方法が定められています。
　　①定期環境衛生検査……項目ごとに定められた時期に、基準値ごとの専門的
　　　　　　　　　　　　　検査を実施
　　②臨時環境衛生検査……伝染病や風水害などの発生時に行う臨時検査

③日常の校内点検……薬剤師等の指導助言を仰ぎながら学校職員が行う日常
　　　　点検

　また、室内空気の環境衛生に関しては、この基準以外の物質についても、厚
生労働省の定める指針値があることや、建築基準法にも規制物質があることに
注意しなければなりません。

　学校環境衛生基準は、2018（平30）年４月に一部改正がなされ、温度基準や
照度基準の見直しや、一部検査項目の省略が実施されました。

⑨学校給食衛生管理基準による検査

　学校給食法に基づき、法規範として制定されている「学校給食衛生管理基
準」は、給食施設・設備の衛生管理について、学校薬剤師等による検査を、給
食施設は年１回、設備や衛生管理手順等については年３回実施することを求め
ています。

⑩その他の法令による点検の義務づけ

　上記のような法令に基づく点検・保守のほか、以下のような設備を保有する
場合にも点検や保守が義務づけられています。
　ア　エレベーター、ダムウエイター、エスカレーター
　イ　ボイラー、圧力容器
　ウ　冷凍設備

　そのほか、学校施設整備指針は、不審者侵入等の防犯対策として、「防犯対
策に係る施設・設備については、定期的に、また、必要に応じて臨時にそれ
らの機能について点検・評価し、不都合が生じている場合は、迅速に改修、修
理、交換等の改善措置を講じることが重要である」としています。

第４部　安全点検と賠償責任

Q40 QUESTION 子どもたちや保護者による 安全チェックも必要ですか

危険箇所の見過ごしを防ぐために

　ある小学校で、子どもたちが窓の外に張り出していた庇へ下りる遊びをしていて転落し、死亡した事故では、教職員は普段からそのような危険な遊びを子どもたちが繰り返していたことに気づかず、日常点検でも危険箇所としてのチェックから漏れていたことが事故後に判明し、反省点とされました。

　教職員による毎月１回の定期点検と、日々の安全点検は、学校事故防止のために最も重要な業務ですが、どうしてもそれだけでは危険を見過ごしてしまうことがあります。特に、子どもたちの危険な遊びをキャッチすることは難しいものです。

　こうした危険を防ぐ最大の手だては、子どもたち自身による安全チェックです。最近、子どもたちを中心にして、教職員や保護者がサポートする形で登下校路などの地域安全マップづくりが各地で進められていますが、学校内の安全マップづくりも必要なのではないでしょうか。

　すでにいくつかの学校では子どもアンケートの活動が進められています。

　ある小学校の事務職員は、「学校からあぶないところをなくしたいと思います。そこで気がついたことがあったら書いてください」「そのほか気がついたことや希望があったら書いてください」というシンプルな２つの問いかけを行い、施設改善や、遊具の整備に役立てたと報告しています。

　子どもたちへのアンケート実施には、なぜそれが必要なのかを学校全体で十分論議してから進めることと、アンケートの結果とそれによる施設の改善計画をきちんと子どもたちに報告し、子どもたちの意見が学びの場の改善につながったことを伝えることが大切だと思います。

　子どもが安全点検に参加する最大のメリットは、自分たちの生活の場に潜む危険性を自らの眼で確かめることによって、危険を認識し、回避することの大切さを学ぶことにあります。

　学校は子どもたちが危険回避能力を育む学習の場としても重視されなければなりません。

120

保護者・地域の要望は改善につながりやすい

　子どもたちの安全チェックと並んで、保護者や地域の人々による安全チェックも施設改善に非常に役立ちます。

　毎年、1～3回程度、保護者による安全点検を学校全体で実施することが良いでしょう。

　また、年度末に実施する、保護者による学校評価の中に、安全点検と施設改善に関する項目を大きな柱の一つとして位置づけることも効果があると思います。

　保護者・子どもの要望は、教育委員会や自治体に対し、学校の施設改善要望の切実さを訴え、予算を獲得する上で大きな効果を表すという点でも、メリットを発揮すると思います。

厳しくなりがちな保護者の要望

　子どもの安全に関する保護者の施設改善要望は時として、極端な内容で学校職員をとまどわせることがあります。子どもの身を案じる親の立場から、そのようなこととなるわけですので、学校職員はよく意見を聞いて、要望実現の手だてを探らなければなりません。

　しかし、それと同時に、学校は子どもの生きる力を育む場所であり、みずから危険を察知したり、回避する能力を育てることも大切な課題であることを理解していただかなければなりません。学校ではそうした観点から、子どもを真綿にくるむように育てるのではなく、集団の中でお互いの安全を守る生活の仕方を学び、心身を鍛える場としての施設のあり方を探らなければならないでしょう。

　また、様々な犯罪から子どもを守るためには、塀を高くし、学校を地域から遮断する方向ではなく、地域の文化的センターとして多くの人が訪れることによって、地域全体で守る方向に対策を立てるべきであることを訴える必要があるでしょう。

　子どもの安全は多くの人の目によって守られるべきものという立場から、保護者・地域の方々にも改善を訴えていただくことが大切です。

第4部　安全点検と賠償責任

Q41 学校の安全・防災の推進を定めている法令を教えてください

建築基準法が基本

　学校施設は、多くの子どもが長時間生活する場として、また、地域の生涯学習と防災の拠点として高い安全性が求められます。そのため、多くの法令が多様な規制を定めています。

　建築基準法はわが国の建物の敷地、構造、設備、用途に関する基準を定める基本的法律です。その第2条は学校を、「特殊建築物」に指定し、同法第35条で「廊下、階段、出入口その他の避難施設、消火栓（せん）、スプリンクラー、貯水槽（そう）その他の消火設備、排煙設備、非常用の照明装置及び進入口並びに敷地内の避難上及び消火上必要な通路は、政令で定める技術的基準に従つて、避難上及び消火上支障がないようにしなければならない」と規定しています。

　また第28条は、教室等の換気のための窓等の面積は床面積の20分の1以上とすることを定めています。さらに第29条は、教室を地下に設ける場合は、政令で定める防湿等の基準を守ることを求めています。

　建築基準法は2004（平16）年6月に改正され、学校等の公共建築物については耐震度等の検査が義務づけられることとなりました（第12条第2項）。

　さらに2008（平20）年には、地震防災対策特別措置法が改正され、公立の幼・小・中学校・義務教育学校については、既存の校舎、屋内運動場、寄宿舎を特例として耐震診断を実施することと、各地方自治体はその結果を公表することを義務づけました（第6条の2）。

　建築基準法は、既存建築物は建てられた時点での基準や規制に適合していれば良いとしていますので、公立学校の既存校舎等に耐震規制を義務づけた規制は特別なものです。

建築基準法施行令にも詳細な規定が

　施行令とは、法律の委任に基づき内閣が定める法的拘束力のある命令（政令）のことです。法律の定めを補完する、より詳細な規制が設けられます。

122

学校に関する建築基準法施行令の規定をいくつか紹介します。

施行令第19条の3は、教室の採光に有効な面積は、床面積の5分の1以上とすることを義務づけています。

第23条は、小・中・高等学校の階段幅は140cm以上、蹴あげの高さは小学校16cm以下、中学校と高等学校は18cm以下。踏み面の深さは小・中・高等学校とも26cm以上と規定しています。

第119条は、学校の廊下を、両側に教室等がある場合は2.3m以上、片側の場合は1.8m以上とすることを義務づけています。

なお、1998（平10）年、さいたま市の小学校で発生した児童の防火シャッター挟まれ事故をきっかけに、2005（平17）年12月1日、施行令第112条第14項が改正され、学校や公共施設等の新築・改修工事時に、防火シャッター用安全装置の設置義務が罰則付きで規定されました。

消防法の定めるもの

消防法も校舎整備にとって重要な規定をいくつか設けています。

同法第8条は、学校、病院など多数の出入りがある建物については、「政令で定める資格を有する者のうちから防火管理者を定め、政令で定めるところにより、当該防火対象物について消防計画の作成、当該消防計画に基づく消火、通報及び避難の訓練の実施、消防の用に供する設備、消防用水又は消火活動上必要な施設の点検及び整備、火気の使用又は取扱いに関する監督、避難又は防火上必要な構造及び設備の維持管理並びに収容人員の管理その他防火管理上必要な業務を行わせなければならない」と規定しています。

同じく第17条は、「学校、病院、工場、事業場、興行場、百貨店、旅館、飲食店、地下街、複合用途防火対象物その他の防火対象物で政令で定めるものの関係者は、政令で定める消防の用に供する設備、消防用水及び消火活動上必要な施設（以下「消防用設備等」という）について消火、避難その他の消防の活動のために必要とされる性能を有するように、政令で定める技術上の基準に従つて、設置し、及び維持しなければならない」と規定しています。

この規定により、学校は消火器や消火栓などの設備を設けなければなりませんが、スプリンクラーについては一般に学校は設置しなくてもよいとされています（一定規模以上の幼稚園、特別支援学校は設置義務がある場合があります）。これは、不特定多数の人々が出入りする病院や映画館、デパート等と

第４部　安全点検と賠償責任

違って、学校では常に避難訓練が行われ、指導者の指示で確実な避難ができること、避難路が濡れることは逆に避難時に危険となることがあることなどを勘案してのものであると推察できます。

学校設置基準

学校設置基準は、学校教育法の規定に従って文部科学大臣が定める省令として、法的拘束力をもつ基準です。

学校設置基準は、学校の校種ごとに編制規模・施設・設備等の最低基準を定めたものであり、学校事故防止、安全・防災の観点からも遵守が求められます。その内容を小学校の設置基準を例にとって、概略を説明します。

第１条では、この基準が学校設置に必要な最低基準であり、編制・施設・設備等がこれ以上の水準となるよう努力することを求めています。

第４条は、１学級の標準児童定数を40人と定めています。

第５条は、学級は同学年の児童で編制することが原則であると定めています。

第７条は、学校施設・設備が指導上だけでなく、安全上・保健衛生上・管理上も適切なものであることを求めています。

第８条から第12条は学校の施設・設備の基準に関する条文で、小学校、中学校の校舎と運動場については児童生徒数に対応して、確保すべき面積がそれぞれ定められています。

高等学校の必要面積は生徒数のほか、課程、学科の別によって詳細に計算式が定められています。

このほか、設置基準で、学校に必須の施設としているのは、教室（普通・特別教室等）、図書室、保健室、職員室です。体育館は教育上支障がなく、地域の特別な事情がある場合は設置しなくても良いとされています。そのほか、指導上、保健上、安全上必要な校具・教具を整備することも求めています。

また、設置基準は付則を設け、基準制定時にすでに設置されていた学校の施設・設備については「当分の間、なお従前の例によることができる」としています。

その他の法令

そのほかにも多くの法律が学校施設の基準を定めています。以下にその主な

ものを紹介します。

学校保健安全法は、学校の衛生管理と安全確保に関する基本を定めています。これに基づいて、文部科学大臣は省令として「学校環境衛生基準」を定め、詳細な基準と点検方法を規定しています。

同じく、学校給食法に基づいて文部科学大臣が定める「学校給食衛生管理基準」も、学校給食の実施に関する衛生確保の基準と検査方法を定めています。

水道法や電気事業法は衛生管理や水質検査、電気設備の保守点検を義務づけています。

バリアフリー法（高齢者、障害者等の移動等の円滑化の促進に関する法律）は、特別支援学校等が移動等円滑化基準（バリアフリー基準）に適合していること及び、その他の学校が移動等円滑化基準に適合するよう努力することを求めています。

ビル管理法（建築物における衛生的環境の確保に関する法律）は学校、デパート、図書館、ホテルなど「多数の者が使用し、又は利用する」建物で、一定の延べ床面積のもの（学校は8,000㎡以上）について、室内空気環境や水質等の基準を設け、検査を実施して監督機関に報告することやネズミ・昆虫等を防除することを求めています。

そのほかにも、エレベーター、ダムウエイター、エスカレーター、ボイラー、圧力容器、冷凍設備などは、それぞれ法律の規定により、保守点検の基準に従った運用が求められています。

また、独立行政法人日本スポーツ振興センター法は、学校管理下の児童生徒等の災害（負傷・疾病・傷害・死亡）に対して、医療費・見舞金等の災害共済給付をすることを定めています。

国家賠償法は、教職員等の公立学校の教職員の教育活動などの公務執行による事故や、施設・設備の欠陥による事故などの損害に対し、国・自治体が損害賠償の責めに任ずるものであることを定めています。

第4部　安全点検と賠償責任

Q42 学校事故の責任はどのように取られるのでしょうか

校舎管理の権限と責任

　施設を管理する権限は学校の設置者にあります。したがって公立学校の場合は、設置する自治体の首長が管理権限を保有します。これは地方自治法の定めるところです（第149条第6項及び第7項）。

　しかし、校舎などの教育財産については、地方教育行政の組織及び運営に関する法律第23条第2項によって、設置自治体の教育委員会が管理することとなっています。

　施設管理が教育委員会に委ねられているのは、円滑な学校教育の目的達成と安全な環境の整備のためには、教育の現場における緻密で行き届いた施設の管理運営が必要との判断があるからです。そのため、ほとんどの教育委員会は学校管理規則を設けて、学校の施設・設備の管理権限を学校長に再委任しています。

　そして学校においては、学校長の行う校務分掌により教頭・事務職員・教員等が施設管理の実務を行うこととなります。したがって、学校施設の管理権限と責任は、本来的には首長と教育委員会に由来するものであり、学校長とその職務を分掌する教職員は、施設の欠陥による事故等の賠償責任義務も首長にあることを銘記しつつ、職務に当たらなければなりません。また、学校施設を維持向上させるための改修等についても、教育委員会の指示と承認の下に行わなければなりません。

公務員の行為が原因となった時の責任

　学校職員の行為や学校施設の欠陥が原因となって、損害賠償責任が生じた場合は、公立学校であればその自治体の長が施設管理者として、賠償の責めに任ずることとなります。そのことについては国家賠償法の規定するところです。

　国家賠償法第1条第1項は、公務員の「公権力の行使」における「故意又は過失」によって他人が損害をこうむった時は、「国又は自治体がその賠償の責めに任ずる」と規定しています。そのため、地方自治体の設置する公立学校に

126

もこの法律が適用されます。

「公権力の行使」とは、警察力などの国や自治体の権力的な権限行使だけでなく、広く公務員の職務遂行全般にわたるものとされ、教職員の教授活動や、部活動中の指導・監督行為なども公権力の行使であるとの判決が積み重なり、今日では、判例としてほぼ確立しています。

学校は多くの子どもたちが集団で学び生活する場として、また、地域の生涯学習拠点・防災拠点でもあるということから、高い安全確保義務を負っている公共施設であり、学校職員は特に安全に配慮して職務を遂行することが求められています。そのことは、学校保健安全法第27条、28条、29条が示すところです。本書巻末に同法の抜粋を記載します。

国家賠償法第1条第1項は、公務員の行為に「故意又は過失」という責任がある時の規定ですが、こうした場合、本来は、責任のある公務員個人が賠償責任をとるべきですが、一般的に資力の乏しい公務員に賠償責任を負わせても、十分な被害者救済ができない可能性が高いであろうということで、代位賠償の考えに基づいて、国や自治体が賠償責任を負うことと規定しています。

重い過失がなければ求償されることはない

しかし、国家賠償法第1条第2項は、責任のある公務員の行為に「故意又は重大な過失があったときは、国又は公共団体は、その公務員に対して、求償権を有する」としています。公務員の行為に故意や重大な過失があれば、自治体が本人に賠償を求めるが、過失が軽い場合は、求償しないということです。

例えば、クラブ活動中に、教員が目を離したすきに、子どもが負傷したような場合、教員に損害賠償の責に任ずべき過失はあったと判断されて、自治体は賠償金を支払うこととなりますが、その教員の過失は重大と見なされないので、求償権は行使されないということになります。

公務員の軽い過失でも国・自治体は賠償するが、過失が特に重いものでなければ本人は賠償責任を追及されないとするこの規定は、公務員が委縮することなく公務を遂行することを保障し、一方で住民の被害はもれなく補償するという理念に基づくものといえます。

しかし、公務員の行為に故意または重大な過失があった場合は、賠償責任を追及されるだけでなく、懲戒処分を受けたり、場合によっては刑事罰が科せられることもあるでしょう。

第4部　安全点検と賠償責任

　こうしたことから、被害者は原則として国または自治体にのみ損害賠償を請求することになります。

　1996（平8）年に発生した、大阪府堺市でのO-157中毒事件に際して原告は、市に対し、国家賠償法第1条に基づく過失責任のほか、民法の債務不履行（注意義務違反）による損害賠償責任及び、PL法（製造物責任法）による製造物としての給食の欠陥による損害賠償責任なども根拠法規として賠償請求を行いましたが、大阪地裁は、国家賠償法によって原告の請求を認める判決を下しています。

施設の欠陥が原因となった時の責任

　第2条は、「道路、河川その他の公の営造物の設置又は管理に瑕疵があったため」に損害を与えた場合、国や自治体は損害賠償の責めに任ずるとするものです。

　「公の営造物」とは、国や自治体が設置・取得し、管理しているすべての有体物を指す概念とされ、学校の実験で使う試験管1本も「営造物」であるとされます。

　「設置又は管理」の「瑕疵」とは、該当する営造物が通常有している安全性を欠いている状態、すなわち欠陥のある状態を指すものであり、特にその欠陥に、製造者・管理者等の過失がなくても損害賠償の責めに任ずるものと解されます。

　本条に該当する場合も、その欠陥の責任が製造者にあるなどの場合は、自治体は製造者に求償権を行使することができます。施設の管理や点検に職員の重大な過失があって、それが欠陥の原因となったのであれば、職員が求償されたり、処分を受けることもあります。

　こうした制度については、重大な過失がなければ職員は責めを問われることがない仕組みであり、無責任で甘いのではないかという批判もあるようです。しかし一方では、職員に対し、多少のミスでも厳しい責任を負わせることは、様々な指導場面で、少しでも危ないと思われることは禁止する方向に流れかねない心配もあります。

　重大な過失があれば、本人が責任をとることは当然ですが、指導場面で起こりがちな危険のすべてに責任を負わせて、指導者の心を萎縮させることは避けるべきです。そのような観点から、国家賠償法に基づく、現在の賠償の仕組み

Q42 学校事故の責任はどのように取られるのでしょうか

はほぼ妥当なものといえるのではないでしょうか。

私立学校における損害賠償

　私立学校には、国家賠償法が適用されませんので、民法の規定により賠償責任が論じられます。

　国家賠償法第1条に対応する私立学校職員の行為が原因となった賠償責任については、一般に、民法第709条の不法行為責任と第715条の使用者責任が適用されますが、学校には在学契約に基づく、児童・生徒に対する安全配慮義務があるとして、民法第415条の債務不履行責任を根拠として賠償責任を追及する事例もあります。

　民法第709条と第715条を根拠とした請求は、当事者である教職員個人と、使用者である学校の双方に請求がなされますが、第415条に基づく請求であれば、契約当事者である学校のみに請求がなされることとなります。

　一方、国家賠償法第2条に対応する、施設・設備・物品等の欠陥等が原因となった賠償責任については、校舎・プール・塀などの土地の工作物が原因となった場合は、民法第717条の工作物責任の規定が適用されることとなるでしょうが、設備・物品等については、それらの設置や管理に原因があったとして、民法第709条の不法行為責任と第715条の使用者責任が適用されることとなるでしょう。

　なお、国立大学法人のような国・自治体が設立した独立行政法人である学校の事故等については、国家賠償法を適用して賠償責任を判断した下級審の判決があります。

129

参考資料

1．学校保健安全法（抜粋）

第一条　この法律は、学校における児童生徒等及び職員の健康の保持増進を図るため、学校における保健管理に関し必要な事項を定めるとともに、学校における教育活動が安全な環境において実施され、児童生徒等の安全の確保が図られるよう、学校における安全管理に関し必要な事項を定め、もつて学校教育の円滑な実施とその成果の確保に資することを目的とする。

第三条　国及び地方公共団体は、相互に連携を図り、各学校において保健及び安全に係る取組が確実かつ効果的に実施されるようにするため、学校における保健及び安全に関する最新の知見及び事例を踏まえつつ、財政上の措置その他の必要な施策を講ずるものとする。

2　国は、各学校における安全に係る取組を総合的かつ効果的に推進するため、学校安全の推進に関する計画の策定その他所要の措置を講ずるものとする。

3　地方公共団体は、国が講ずる前項の措置に準じた措置を講ずるように努めなければならない。

第二十六条　学校の設置者は、児童生徒等の安全の確保を図るため、その設置する学校において、事故、加害行為、災害等（以下この条及び第二十九条第三項において「事故等」という。）により児童生徒等に生ずる危険を防止し、及び事故等により児童生徒等に危険又は危害が現に生じた場合（同条第一項及び第二項において「危険等発生時」という。）において適切に対処することができるよう、当該学校の施設及び設備並びに管理運営体制の整備充実その他の必要な措置を講ずるよう努めるものとする。

（学校安全計画の策定等）

第二十七条　学校においては、児童生徒等の安全の確保を図るため、当該学校の施設及び設備の安全点検、児童生徒等に対する通学を含めた学校生活その他の日常生活における安全に関する指導、職員の研修その他学校における安全に関する事項について計画を策定し、これを実施しなければならない。

第二十八条　校長は、当該学校の施設又は設備について、児童生徒等の安全の確保を図る上で支障となる事項があると認めた場合には、遅滞なく、その改善を図るために必要な措置を講じ、又は当該措置を講ずることができないときは、当該学校の設置者に対し、その旨を申し出るものとする。

第二十九条　学校においては、児童生徒等の安全の確保を図るため、当該学校の実情に応じて、危険等発生時において当該学校の職員がとるべき措置の具体的内容及び手順を定めた対処要領（次項において「危険等発生時対処要領」という。）を作成するものとする。

2　校長は、危険等発生時対処要領の職員に対する周知、訓練の実施その他の危険等発生時において職員が適切に対処するために必要な措置を講ずるものとする。

3　学校においては、事故等により児童生徒等に危害が生じた場合において、当該児童生徒等及び当該事故等により心理的外傷その他の心身の健康に対する影響を受けた児童生徒等その他の関係者の心身の健康を回復させるため、これらの者に対して必要な支援を行うものとする。この場合においては、第十条の規定を準用する。

第三十条　学校においては、児童生徒等の安全の確保を図るため、児童生徒等の保護者との連携を図るとともに、当該学校が所在する地域の実情に応じて、当該地域を管轄する警察署その他の関係機関、地域の安全を確保するための活動を行う団体その他の関係団体、当該地域の住民その他の関係者との連携を図るよう努めるものとする。

2．小学校施設整備指針（抜粋）

（平成28年3月文部科学省大臣官房文教施設企画部）

3　地震、津波等の災害に対する安全性の確保

（1）地震発生時において、児童等の人命を守るとともに、被災後の教育活動等の早期再開を可能とするため、施設や設備の損傷を最小限にとどめることなど、非構造部材も含め、十分な耐震性能を持たせて計画することが重要である。

（2）学校施設が、津波等※による被害が予想される地域に立地している場合においては、児童等が津波等から緊急避難場所※へ安全に避難できるよう、周辺の高台や津波避難ビルへの避難経路※の確保又は校舎等建物の屋上や上層階への避難経路の確保を検討し、実施することが重要である。

　　これらの対策によって安全性が確保できない場合においては、高台への移転又は高層化※を検討し、実施することが重要である。

131

※津波等：津波、洪水、高潮等及びこれらに起因する火災。

※緊急避難場所：災害が発生し、又は発生のおそれがある場合にその危険から逃れるための施設又は場所（災害対策基本法（昭和36年法律第223号）第49条の４関係）。

※避難経路：ある場所から避難目標地点まで最短時間で、かつ安全に到達できる道筋。一方、避難路とは、避難経路となる道路、通路、避難階段そのものをいう。

※津波等対策における高層化：校舎等建物の屋上や上層階を児童等の緊急避難場所とするために、屋内運動場との重層化や他の公共施設との複合化等により、本来、教育機能として必要な階数以上の階を有する建物を整備することをいう。

（３）学校敷地に津波等による被害が予想され、津波等に対する安全対策として、児童等が校舎等建物の屋上や上層階への避難を行う場合においては、当該場所が想定される津波等の水位以上の高さとすること、当該場所までの有効な避難経路を確保すること及び当該建物が津波等により構造耐力上支障のある事態を生じないものであることが重要である。

（４）学校施設は、災害時には地域の避難所※としての役割も果たすことから、想定される避難者数や、起こりうる災害種別のリスクを十分に考慮し、あらかじめ学校設置者と防災担当部局※との間でお互いの役割を明確にしながら、避難所として必要となる機能を、障害者、高齢者、妊産婦等の要配慮者の利用も踏まえ計画することが重要である。その際、教育活動の早期再開が可能となるよう計画することが重要である。

※避難所：災害の危険性があり避難した住民等や、災害により家に戻れなくなった住民等を滞在させるための施設（災害対策基本法第49条の７関係）。

※防災担当部局：避難所の指定は市町村長が行うこととなっていることから、原則として、学校の所在する市町村の防災担当部局をいう。

（５）学校施設の防災対策は、運営体制や訓練等のソフト面での取組と一体的に実施することが重要である。その際、防災担当部局、学校設置者、学校、自主防災組織、地域住民等と連携しながら取組を進めることが重要である。

（６）施設自体が防災教育の教材として活用されるよう、各階に標高表示を設

参考資料

置する等、日頃から児童等に津波等災害の危険性の意識づけを考慮して計画することが重要である。

4　安全・防犯への対応
（1）児童の安全確保を図るため、学校内にある全ての施設・設備について、児童の多様な行動に対し十分な安全性を確保し、安心感のある計画とすることが重要である。その際、事故の危険性を内包する箇所は特に安全性を重視した分かりやすい計画とすることが重要である。
（2）事故を誘発するような明確な構造的な欠陥はもとより、児童が予測しにくい危険を十分に除去しておくことが重要である。
　　また、可動部材、特に機械制御のものは十分に安全性が確保されていることを確認することが重要である。
（3）児童の多様な行動に対して、万が一事故が発生しても、その被害が最小限となるよう、配慮した計画とすることが重要である。
（4）外部からの来訪者を確認でき、不審者の侵入を抑止することのできる施設計画や、事故も含めた緊急事態発生時に活用できる通報システム等を各学校へ導入することが重要である。
（5）敷地内や建物内及び外部からの見通しが確保され、死角となる場所がなくなるよう計画することや、特に不審者侵入の観点からはどの範囲を何によってどう守るかという領域性に留意した施設計画が重要である。
（6）学校や地域の特性に応じた防犯対策及び事故防止対策を実施し、その安全性を確保した上で、地域住民等が利用・協力しやすい施設づくりを推進することが重要である。
（7）既存施設の防犯対策及び事故防止対策についても、図面や現場等において点検・評価を行い、必要な予防措置を計画的に講じていくことが、関係者の意識を維持していく面からも重要である。
（8）学校施設の防犯対策及び事故防止対策は、安全管理に関する運営体制等のソフト面での取組と一体的に実施することが重要である。その際、家庭や地域の関係機関・団体等と連携しながら取組を進めることが重要である。

5　施設のバリアフリー対応
（1）障害のある児童、教職員等が安全かつ円滑に学校生活を送ることができ

133

るように、障害の状態や特性、ニーズに応じた計画とすることが重要である。その際、スロープ、手すり、便所、出入口、エレベーター等の計画に配慮することが重要である。

（2）学校の教育活動への地域の人材の受入れなど様々な人々が学校教育に参加すること、地域住民が生涯学習の場として利用すること、地震等の災害発生時には地域の避難所としての役割を果たすこと等、高齢者、障害者を含む多様な地域住民が利用することを踏まえて計画することが重要である。

（3）既存学校施設のバリアフリー化についても、障害のある児童の在籍状況等を踏まえ、所管する学校施設に関する合理的な整備計画を策定し、計画的にバリアフリー化を推進することが重要である。

（4）学校施設のバリアフリー化に当たっては、施設の運営・管理、人的支援等のサポート体制との連携等を考慮して計画することが重要である。

第5章　詳細設計

第1　基本的事項

1　安全性

（1）教育の場として、地震、暴風、降雨、積雪、落雷等の災害や火災、事故、事件等に対し、十分な防災・防犯性など安全性を確保するよう設計することが重要である。

（2）児童の墜落・転落、転倒、衝突、切傷、火傷、挟まれ事故防止のために、柱や壁のコーナーの面取り、手すりや扉のストッパーの設置、突起物や足掛け部分の除去等の工夫を行うなど、各部における細部に至るまで、児童の多様な行動に対し十分な安全性を確保した計画とすることが重要である。また、効果的な表示等により注意喚起を行うことも有効である。

　　また、本来、児童が乗ることを想定していない、渡り廊下や駐輪場の屋根、天井裏等についても、安全性の確保について配慮することが重要である。

（3）地震、暴風時等における天井、照明等の脱落、破損や家具の転倒、落下の防止、経年・老朽化による仕上げ材等の落下の防止など、非構造部材等の安全性を確保するため、適切な設計、仕様、工法とし、必要に応じて家具等を配置する部分の補強、確実な固定措置を講じることが重要である。

（4）特に、学校施設を高層化する場合には、非常時の避難、上階からの墜

参考資料

落・落下物等に対し配慮した計画とすることが重要である。

３．学校施設バリアフリー化推進指針（抜粋）

（平成16年３月文部科学省大臣官房文教施設部）

第１章　学校施設のバリアフリー化等の推進に関する基本的な考え方

１　学校施設のバリアフリー化等の視点

　学校施設は、多くの児童生徒が一日の大半を過ごす学習・生活の場である。したがって、児童生徒等の健康と安全を十分に確保することはもちろん、快適で豊かな空間として整備することが必要である。また、学校施設は、地域住民にとって最も身近な公共施設として、まちづくりの核、生涯学習の場としての活用を一層積極的に推進するとともに、地域の防災拠点としての役割を果たすことが求められている。

　したがって、新たに学校施設を整備する際には、児童生徒、教職員、保護者、地域住民等の多様な人々が利用しやすいように、ユニバーサルデザインの観点から計画・設計するよう努めることが重要である。一方、既存施設においては、ユニバーサルデザインの考え方を念頭に、児童生徒等が安全かつ円滑に施設を利用する上で障壁となるものを取り除くための方策等について十分に検討し、必要に応じて段階的な整備を行うなど、計画的にバリアフリー化を推進することが重要である。

（１）障害のある児童生徒等が安全かつ円滑に学校生活を送ることができるように配慮

　　障害のある児童生徒等が安全かつ円滑に学校生活を送ることができるように、学校施設において個々のニーズに応じた対策を実施することが必要である。

　　なお、障害のある児童生徒に配慮した対策は、児童生徒のみならず、教職員、保護者、地域住民等の多様な人々が施設を安全かつ円滑に利用するための対策としても有効である。

（２）学校施設のバリアフリー化等の教育的な意義に配慮

　　バリアフリー化された学校施設は、その利用を通じ、児童生徒に対して障害者に対する理解を深める学習効果が期待できるものであり、関連する教科等において具体的に活用することも有効である。

　　学校施設の整備においては、小学校、中学校、盲学校、聾学校及び養護学

135

校などとの間の連携、障害のある児童生徒や高齢者などとの交流活動が円滑に実施できるように、障害のある児童生徒や高齢者が安全かつ円滑に利用できる計画とすることが必要である。

（3）運営面でのサポート体制等との連携を考慮

　障害のある児童生徒に対しては、教材・教具の工夫はもちろん、安全かつ円滑に教室への出入りや便所等の利用ができる教室を提供するなど、ハード面での配慮や、施設の運営・管理、人的支援等のソフト面との連携などについて考慮することが必要である。また、学習面だけでなく生活面においても個々の状況に応じ、人的サポートが必要となる場合があるため、学校施設の整備においては、これらのサポート体制と連携した計画とすることが必要である。

（4）地域住民の学校教育への参加と生涯学習の場としての利用を考慮

　学校の教育活動へ地域の人材を受け入れるなど、様々な人々の学校教育への参加や地域住民が生涯学習の場として利用することを考慮した計画とすることが必要である。

（5）災害時の応急避難場所となることを考慮

　学校施設は、地震等の災害発生時には地域住民の応急的な避難場所としての役割も果たすことから、地域住民が利用することを考慮した計画とすることが必要である。

4．防災基本計画　平成30年6月29日　中央防災会議決定（抜粋）

（3）指定避難所

○指定避難所の指定を終えていない市町村については、速やかに指定を終えるよう努めるものとする。

○市町村は、地域的な特性や過去の教訓、想定される災害等を踏まえ、公民館、学校等の公共的施設等を対象に、その管理者の同意を得た上で、被災者が避難生活を送るための指定避難所をあらかじめ指定し、住民への周知徹底を図るものとする。

○市町村は、一般の指定避難所では生活することが困難な障害者等の要配慮者のため、必要に応じて福祉避難所を指定するよう努めるものとする。

○指定避難所については、市町村は、被災者を滞在させるために必要となる適切な規模を有し、速やかに被災者等を受け入れること等が可能な構造又

は設備を有する施設であって、想定される災害による影響が比較的少なく、災害救援物資等の輸送が比較的容易な場所にあるものを指定するものとする。なお、福祉避難所として要配慮者を滞在させることが想定される施設にあっては、要配慮者の円滑な利用を確保するための措置が講じられ、相談等の支援を受けることができる体制が整備されているもの等を指定するものとする。また、指定緊急避難場所と指定避難所は相互に兼ねることができる。

○指定緊急避難場所と指定避難所の役割が違うことについて、日頃から住民等への周知徹底に努めるものとする。

○市町村は、学校を指定避難所として指定する場合には、学校が教育活動の場であることに配慮するものとする。また、指定避難所としての機能は応急的なものであることを認識の上、指定避難所となる施設の利用方法等について、事前に教育委員会等の関係部局や地域住民等の関係者と調整を図るものとする。

○市町村は、指定避難所となる施設については、必要に応じ、良好な生活環境を確保するために、換気、照明等の施設の整備に努めるものとする。

○市町村は、指定避難所において貯水槽、井戸、仮設トイレ、マンホールトイレ、マット、簡易ベッド、非常用電源、衛星携帯電話等の通信機器等のほか、空調、洋式トイレなど、要配慮者にも配慮した施設・設備の整備に努めるとともに、被災者による災害情報の入手に資するテレビ、ラジオ等の機器の整備を図るものとする。

○市町村は、指定避難所又はその近傍で地域完結型の備蓄施設を確保し、食料、飲料水、常備薬、炊き出し用具、毛布等避難生活に必要な物資等の備蓄に努めるものとする。

○市町村は、指定避難所となる施設において、あらかじめ、必要な機能を整理し、備蓄場所の確保、通信設備の整備等を進めるものとする。

○市町村は、マニュアルの作成、訓練等を通じて、指定避難所の運営管理のために必要な知識等の普及に努めるものとする。この際、住民等への普及に当たっては、住民等が主体的に指定避難所を運営できるように配慮するよう努めるものとする。

○市町村は、指定管理施設が指定避難所となっている場合には、指定管理者との間で事前に指定避難所運営に関する役割分担等を定めるよう努めるも

のとする。

○市町村及び各指定避難所の運営者は、指定避難所の良好な生活環境の継続的な確保のために、専門家等との定期的な情報交換に努めるものとする。

○都道府県は、介護保険施設、障害者支援施設等に対し、あらかじめ、その所在する都道府県や近隣都道府県における同種の施設やホテル等の民間施設等と施設利用者の受入れに関する災害協定を締結するよう指導に努め、併せて、その内容を都道府県に登録するよう要請するものとする。

○都道府県は、あらかじめ、介護保険施設、障害者支援施設等に対して、災害時に派遣可能な職員数の登録を要請することや、関係団体と災害時の職員派遣協力協定の締結等を行うことにより、介護職員等の派遣体制の整備に努めるものとする。

（4）避難行動要支援者名簿

○市町村は、市町村地域防災計画において、避難行動要支援者を適切に避難誘導し、安否確認等を行うための措置について定めるものとする。

○市町村は、市町村地域防災計画に基づき、防災担当部局と福祉担当部局との連携の下、平常時より避難行動要支援者に関する情報を把握し、避難行動要支援者名簿を作成するものとする。また、避難行動要支援者名簿については、地域における避難行動要支援者の居住状況や避難支援を必要とする事由を適切に反映したものとなるよう、定期的に更新するとともに、庁舎の被災等の事態が生じた場合においても名簿の活用に支障が生じないよう、名簿情報の適切な管理に努めるものとする。

○市町村は、避難支援等に携わる関係者として市町村地域防災計画に定めた消防機関、都道府県警察、民生委員・児童委員、社会福祉協議会、自主防災組織等に対し、避難行動要支援者本人の同意を得ることにより、または、当該市町村の条例の定めにより、あらかじめ避難行動要支援者名簿を提供するとともに、多様な主体の協力を得ながら、避難行動要支援者に対する情報伝達体制の整備、避難支援・安否確認体制の整備、避難訓練の実施等を一層図るものとする。その際、名簿情報の漏えいの防止等必要な措置を講じるものとする。

○市町村は、安全が確認された後に、避難行動要支援者を円滑に避難場所から指定避難所へ移送するため、運送事業者等の協力を得ながら、移送先及び移送方法等についてあらかじめ定めるよう努めるものとする。

参考資料

5．第2次学校安全の推進に関する計画（概要）　平成29年3月24日　閣議決定

Ⅰ　これまでの取組と課題

1．第1次計画期間中の取組

　　東日本大震災の教訓を踏まえて、児童生徒等が**主体的に行動する態度を育成することの重要性**が改めて認識され、実践的な安全教育が推進された。また、**学校施設の防災対策や防災マニュアルの整備**、通学中の交通事故や犯罪被害の防止のための**安全点検や見守り活動**等が推進された。さらに、外部の専門家や専門機関の知見を取り入れ、一層の取組改善を行うといった先進的な取組が進められてきた。

2．課題

　　児童生徒等が巻き込まれる犯罪被害や交通事故等は減少しているものの、児童生徒等の発達段階や学校段階、地域特性に応じた様々な安全上の課題が明らかとなっており、**いまだ児童生徒等の安全が十分に確保されているとは言い難い**。このため、児童生徒等を取り巻く**多様な危険を的確に捉え、対策を推進**することが必要。また、各学校における安全教育や安全管理、家庭・地域との連携の推進に当たって、**地域間・学校間・教職員間に差が存在**していることから、これらを解消し、**全ての学校において、質の高い学校安全の取組を推進**することが求められている。

Ⅱ　今後の方向性

1．目指すべき姿

①全ての児童生徒等が、**安全に関する資質・能力を身に付ける**ことを目指す。

②学校管理下における児童生徒等の事故に関し、**死亡事故の発生件数については限りなくゼロ**とすることを目指すとともに、負傷・疾病の発生率については**障害や重度の負傷を伴う事故を中心に減少**傾向にすることを目指す。

2．推進方策

（1）学校安全に関する組織的取組の推進

　　全ての学校において、管理職のリーダーシップの下、学校安全の中核となる教職員を中心として、**組織的な取組を的確に行えるような体制を構築**するとともに、全ての教職員が、各キャリアステージにおいて必要に応じた**学校安全に関する資質・能力を身に付ける**。

```
【施策目標】
　○全ての学校において、管理職のリーダーシップの下、学校安全の中核となる教職員を中心
　　とした組織的な学校安全体制を構築する。
　○全ての学校において、学校安全計画及び危機管理マニュアルを策定する。
```

139

〇全ての学校において、自校の学校安全に係る取組を評価・検証し、学校安全計画及び危機管理マニュアルの改善を行う。

〇全ての教職員が、各種機会を通じて、各キャリアステージにおいて、必要に応じた学校安全に関する研修等を受ける。

【具体的取組】

学校における人的体制の整備 ／ 学校安全計画及び危機管理マニュアルの策定・検証の徹底 ／ 学校安全に関する教職員の研修及び教員養成の充実

（２）安全に関する教育の充実方策

全ての学校において、学校安全計画に安全教育の目標を位置付け、これに基づいて、カリキュラム・マネジメントの確立と主体的・対話的で深い学び（アクティブ・ラーニング）の視点からの授業改善により、**系統的・体系的で実践的な安全教育を実施**する。

【施策目標】

〇全ての学校において、学校教育活動全体を通じた安全教育を実施する。

〇全ての学校において、自校の安全教育の充実の観点から、その取組を評価・検証し、学校安全計画（安全管理、研修等の組織活動を含む）の改善を行う。

【具体的取組】

「カリキュラム・マネジメント」の確立を通じた系統的・体系的な安全教育の推進 ／ 優れた取組の普及を通じた指導の改善・充実 ／ 現代的課題への対応

（３）学校の施設及び設備の整備充実

安全対策の観点からの**老朽化対策**を推進するとともに、**私立学校における構造体の耐震化**の完了に向けて、早急に対策を実施する。

【施策目標】

〇全ての学校において、耐震化の早期完了を目指すとともに、緊急的に取り組むことが必要な老朽化対策等の安全対策を実施する。

〇全ての学校において、地域の特性に応じ、非常時の安全に関わる設備の整備を含めた安全管理体制を充実する。

【具体的取組】

学校施設の安全性の確保のための整備 ／ 非常時の安全に関わる設備の整備充実

（４）学校安全に関する PDCA サイクルの確立を通じた事故等の防止

全ての学校において、外部の専門家や関係機関と連携した安全点検を徹底するとともに、事故等の未然防止や発生後の**調査・検証、再発防止のための取組の改善・充実を一連のサイクル（PDCAサイクル）として実施**する。

参考資料

> 【施策目標】
> 〇全ての学校において、定期的に学校施設・設備の安全点検を行うとともに、三領域（生活
> 安全・災害安全・交通安全）全ての観点から通学・通園路の安全点検を行い、児童生徒等
> の学校生活環境の改善を行う。
> 〇全ての学校において、学校管理下における事故等が発生した場合には、「学校事故対応に
> 関する指針」に基づく調査を行う。
> 【具体的取組】
> 学校における安全点検 ／ 学校管理下において発生した事故等の検証と再発防止等

（5）家庭、地域、関係機関等との連携・協働による学校安全の推進

全ての学校において、**保護者や地域住民、関係機関との連携・協働に係る体制を構築**し、それ
ぞれの責任と役割を分担しつつ、学校安全に取り組む。

> 【施策目標】
> 〇全ての学校において、児童生徒等の安全に関する保護者・地域住民との連携体制を構築す
> る。
> 〇全ての学校において、児童生徒等の安全に関する外部専門家や関係機関との連携体制を構
> 築する。
> 【具体的取組】
> 家庭、地域との連携・協働の推進 ／ 関係機関との連携による安全対策の推進

141

著者紹介
川崎雅和（かわさき・まさかず）

1946年	愛知県生まれ
1969年	中央大学法学部法律学科卒業
1969年	東京都公立学校事務職員に採用
2006年	文京区立窪町小学校課長補佐を定年退職

現在	現代学校事務研究会代表幹事
	学校事務法令研究会会長
	日本教育事務学会理事

主な経歴	全国公立小中学校事務職員研究会常任理事
	日本教育事務学会常任理事

主な著書	『校舎の建設と維持管理の実践』
	『新しい課題に対応する学校建設・改築のポイント』
	『学校生活環境づくりのポイント』
	『学校事務法令用語の解説』
	『子どもの安全と健康を守る学校づくり』
	『学校マネジメント研修テキスト3　学校財務』
	『小学校単元別教材教具一覧』（共著）
	『基礎からわかる学校の個人情報保護対策』（共著）
	『カリキュラム経営を支える学校事務』（共著）
	（いずれも学事出版）

Q＆Aでよくわかる
学校事故の防止と安全・防災対策の進め方
2019年1月19日　第1版第1刷

編　者	現代学校事務研究会
著　者	川崎雅和
発行人	安部英行
発行所	学事出版株式会社
	〒101-0021　東京都千代田区外神田2-2-3
	電話　03-3255-5471
	http://www.gakuji.co.jp

- -

編集担当	木村　拓
編集協力	古川顯一
装　　幀	next
印刷・製本	双和印刷

落丁・乱丁本はお取り替えします。　Printed in Japan
ISBN 978-4-7619-2536-9　C3037